Jochen Jülicher
Midlife
Ich lerne wieder neu zu leben

Jochen Jülicher

Midlife

Ich lerne wieder neu zu leben

echter

Bibliografische Information der Deutschen Nationalbibliothek
Die Deutsche Nationalbibliothek verzeichnet diese Publikation in der
Deutschen Nationalbibliografie; detaillierte bibliografische Daten sind
im Internet über <http://dnb.d-nb.de> abrufbar.

© 2011 Echter Verlag GmbH, Würzburg
www.echter-verlag.de
Umschlag: seitenwind.com (Foto: shutterstock © Csaba Peterdi)
Druck und Bindung: Druckerei Friedrich Pustet, Regensburg
ISBN 978-3-429-03430-6

Inhalt

Nur wer sich ändert, bleibt sich selber treu.
Wolf Biermann[1]

Einführung: Wie man die Krise kriegt

Mit großer Wahrscheinlichkeit gehören auch Sie zu den Menschen, die im Leben nie gedacht hätten, dass sie wirklich mal in eine Midlifecrisis kommen. Vielleicht irgendwo im Hinterkopf schon, man muss schließlich mit allem rechnen, aber so richtig? Ich? Das ist doch eigentlich mehr was für andere! Aus irgendeinem Grund scheint man immun dafür zu sein. Und plötzlich steckt man mittendrin im Umbruch, mitten im Leben. Auf eine genaue Analyse, was denn nun eine Midlifecrisis ist und was nicht, verzichte ich gerne, die Grenzen sind eh fließend. Fest steht nur, dass es viele Menschen ziemlich genau in der Mitte ihres Lebens ereilt, sich durch gegebene Anlässe – manchmal auch schleichend und scheinbar grundlos – damit auseinanderzusetzen, wie dieses Leben bisher war und wie es denn nun weitergehen soll und ob sie wirklich so weiterleben wollen wie bisher.

Ist das denn schon alles? Bin ich noch auf der richtigen Spur? Kann und soll das denn so weitergehen bis ans Ende meiner Tage? Das Neue und Spezifische in der Midlifecrisis ist, dass man sich dessen bewusst wird, dass dieses Leben einen Anfang, aber irgendwann eben auch ein Ende hat, und dass man, wenn alles gut geht, sich jetzt gerade ziemlich genau in der Mitte der Zeit befindet, die man zur Verfügung hat. Die Welt hat aufgehört, ein großer Koffer voller Möglichkeiten zu sein. Jetzt gibt es noch die Gelegenheit, Weichen zu stellen, wenn nötig umzustellen, damit man am Ende in etwa da auskommt, wo man hinwill oder zumindest eigentlich doch immer hinwollte. Die Chance auf etwas Neues aber wird es danach womöglich so nicht mehr geben. Also wann, wenn nicht jetzt?

Anlässe

So klar sieht man das übrigens nicht immer, die Anlässe sind auch sehr verschieden. Eigentlich kann man sich gleichsam den Anlass aussuchen, aber die Folgen sind immer ähnlich und sie stehen genau in diesen Koordinaten, dass es in der Lebensspanne bislang immer nach oben ging, aber dass es so nicht ewig weitergeht.

Hier mal eine kleine Auswahl an Anlässen für eine solche »Midlife«:

- Ich bin 35, 40 oder gar 50 geworden ...
- Trennung oder Scheidung
- Heirat
- Meine Arbeit (mein Leben, meine Partnerschaft) hat nicht mehr so den richtigen Schwung
- Ich wollte immer schon mal auswandern
- Umzug
- Wenn die Kinder aus dem Haus gehen, gelegentlich oder für immer
- Nichts ist mehr wie früher
- Krankheit
- Wir verstehen uns einfach nicht mehr so gut; ich mich selber auch nicht immer
- Tod eines lieben Menschen

- Arbeitsplatzverlust
- (Früh-)Pensionierung
- Unfall
- Arbeitsplatzwechsel
- Ein Kind bekommen
- Kein Kind bekommen
- Finanzielle Sorgen
- Torschlusspanik
- Trübe Gedanken aus heiterem Himmel
- Stress und Überforderung
- Alt werden oder sich alt fühlen oder alt aussehen
- Erwachsen werden
- Alleinsein

Na denn: Willkommen im Club! Dies alles kommt übrigens meistens zur Unzeit. Und es ändert sich etwas Wesentliches. Es liegt an Ihnen, ob es einfach an Ihnen geschieht (»Opfer«) oder ob Sie selber etwas damit anfangen, wo es doch schon mal so ist, wie es ist. Oh je, denken Sie vielleicht, »Krise als Chance«, womöglich mit Erfolgszwang, na wunderbar: Manchmal kann man von dem Gerede von »Krise als Chance« regelrecht die Krise bekommen.

Reden wir nicht von Krise, reden wir von »Umbruch«, von »Wandel«, von »Veränderung«. Wenn Sie mal zurückschauen auf Ihr bisheriges Leben, dann werden Sie sehr schnell feststellen, dass Sie gerade in solch »kritischen« Momenten am meisten gelernt haben – aber das sieht man natürlich immer erst hinterher. Ist normal, anormal ist es eher, wenn jemand derartige Dinge nicht kennt – vielleicht hat er oder sie diese Erfahrung aber bis jetzt noch nicht machen müssen oder machen dürfen, je nach Perspektive und abhängig davon, ob man akut drinsteckt oder das alles vorerst hinter sich hat. Es gibt natürlich auch Krisen und Erfahrungen, auf die man wirklich nicht gerne zurückschaut. Meistens aber ist es so, dass man selbst dann, wenn es wirklich schwierig war, im Nachhinein sagt: »Was ich mitgemacht habe, würde ich meinem Feind nicht wünschen, aber die Erfahrungen daraus würde ich meinem besten Freunde gönnen.«

Man muss sich natürlich gar nicht so bewusst in solch einen Umbruch hineinbegeben, man kann sich auch ablenken, und das geschieht ganz oft

- durch Arbeit
- durch viele Kontakte
- indem man sich aus dem Weg geht
- durch ständiges Jammern
- durch Spaß bis zum Umfallen
- indem man Stille vermeidet
- durch endlos viele Selbsterfahrungskurse
- durch einseitige Körperbetonung (»fit for fun«)
- indem man die Probleme anderer löst statt der eigenen
- durch Aufregung über Belanglosigkeiten
- indem man ständig interessant darüber redet

Man kann sich auch zuschütten

- mit Alkohol und anderen Drogen
- mit Fernsehen und Dauerradio
- mit Sex
- mit Tabletten
- mit Essen
- mit Shoppen

- mit Magersucht (na ja, zuschütten?, eher im Gegenteil, aber der Effekt ist derselbe)

Ablenken und Zuschütten machen auf Dauer innerlich leer, irgendwie fühlt man sich tot.

Dieses Buch richtet sich an Menschen, die sich – vielleicht auch nur zögerlich – diesem Umbruch mitten in ihrem Leben stellen wollen. Die sich nicht ablenken lassen – zumindest nicht ständig, denn ab und zu ist das ja auch ganz gut und erholsam, was auf das »Zuschütten«, wenn überhaupt, dann nur sehr bedingt zutrifft.

Es ist mit Herzblut geschrieben, d.h., ich erzähle hier nichts, was ich nicht selbst in irgendeiner Weise erfahren oder erlebt habe – kein Ego-Bericht, wohl aber gelebte und verarbeitete Erfahrung. Manches davon habe ich voll durchlebt, anderes nur angetippt oder perspektivisch gesehen.

Eine »Midlife« ist übrigens ein Phänomen, das auch, vielleicht sogar zum überwiegenden Teil, als solches von *Männern* erlebt wird. Natürlich kennen Frauen dies auch, aber da verschiebt sich nach meinem Eindruck manches dann doch noch mal in das, was sich wenig später oder parallel dazu unter dem Namen »Wechseljahre« manifestiert. Die Übergänge sind nicht immer genau abgrenzbar. Wechseljahre treten übrigens auch bei Männern auf, werden dort aber vergleichsweise wenig wahrgenommen oder nach hinten verlagert unter das Thema »Altern« oder »Pension« oder »Potenzprobleme«, wobei Letztere natürlich eher ein Symptom für einen Wandel darstellen. Ich schreibe für beide, für Frauen und Männer, aber besonders eben auch für Männer. Das ist nun mal meine eigene Perspektive, und die kann und will ich nicht leugnen.

Ich habe eine Menge dabei gelernt, und das will ich insbesondere meinen Artgenossen nicht vorenthalten. Am Ende werde ich unter dem Titel »Männer im Wechsel« ein kleines Kapitel den »Wechseljahren des Mannes« widmen, zur Orientierung für Männer selbst und zur Information für Frauen, die dieses Phänomen bislang mehr oder weniger nur in der weiblichen Form kannten.

Umbruch

Dieses Buch bietet eine Orientierung im Chaos der Gefühle und Gedanken, die einen in dieser Zeit manchmal überfallen. Denn etwas, was vorbei ist, muss wachsen zu etwas Neuem, das es so noch nicht gibt, was erst Schritt für Schritt entstehen muss. Ich will Ihnen Mut machen, sich dem zu stellen, manchmal im Dunkeln herumzutapsen, sich zurechtzufinden und an den anfangs schier unerreichbar scheinenden Neuaufbau zu glauben, ihn in Angriff zu nehmen, anzugehen. Es mag komisch klingen, aber eine Midlifecrisis ist die Chance Ihres Lebens! Es geht dabei um innere wie äußere Rundumerneuerung. Es ist *die* Gelegenheit, näher zu sich selbst, zum eigenen Lebensziel, Lebenssinn zu finden.

Umbruchs- und Übergangssituationen sind, wie der Name schon sagt, nicht bleibend – es sei denn, dass man darin irgendwie hängen bleibt, nicht weiterkommt, entwicklungsmäßig feststeckt. Das gibt es durchaus, man »arrangiert« sich dann halt, resigniert de facto, denn »es ist nun mal nicht anders«. Aber es könnte anders sein, anders werden, durchaus, man muss sich dem nur stellen, sich öffnen. Man muss kein Kämpfertyp sein, ein bisschen Neugier, Lebenshunger und vor allem Ehrlichkeit reichen vollkommen. Dieses Buch kann Sie darin begleiten, es geht mit Ihnen, beschreibt die Gefühle in einer Umbruchsituation, gibt Halt und vermittelt Orientierung, wenn mitten im Leben plötzlich alles im wörtlichen Sinne »ver-rückt« ist, d.h., dass nichts mehr an seinem Platz steht; und es macht Ihnen Mut, sich dem zu öffnen, was Sie tatsächlich fühlen, auch wenn es gegen Konventionen und verinnerlichte Tabus verstößt. Ziel dieses Buches ist es nicht, die Krise einfach aus dem Leben verschwinden zu lassen – das wäre illusorisch. Ziel ist, dass man selbst wieder in Bewegung kommt, auch wenn es anfangs oft den Anschein hat, dass gerade dann der Schmerz noch eher zunimmt. Das ist aber nur zu Beginn so – es ist wie der Schmerz, der entsteht, wenn man eine Wunde zum ersten Mal behandelt. Auf den Schmerz eingehen ist nicht angenehm, aber auf Dauer lindernd und heilend.

Das Buch ist ein Wegweiser zum Selbergehen, es sorgt sich um die Seele des von einer Lebenskrise Betroffenen, es ordnet ein, gibt Hinweise, zeigt Wege auf und kümmert sich um das, was sonst »auf der Strecke bleibt«. Heute sagt man oft, man müsse sich halt »neu erfinden«. Das klingt aktiv, männlich beherrschend, man hat es selbst in der Hand, ist selbst der Regisseur, der »Erfinder«. Das stimmt einfach nicht. Es geht eher darum, sich in kleinen Schritten der Unsicherheit, dem »Nicht-mehr-überblicken-Können« zu öffnen, sich neu zu *entdecken* und noch einmal neu leben zu *lernen*. Und da steht man (und frau) erst mal weit weniger heroisch da, als wenn man sich selber »neu erfindet«, aber Sie werden sehen, dass es weitaus heroischer ist, sich neu zu entdecken, eine andere Perspektive auf die Welt und die Menschen um sich herum zu entwickeln und zu empfangen. Denn dieses Empfangen und Zulassen erfordert mehr Mut als ständiges »Machen«. Letzteres ist auch wichtig, aber die Midlifecrisis führt sie an einen Punkt, wo Sie selber eben nicht mehr alles in der Hand haben.

Im Ablauf solcher Übergänge haben Psychologen sehr zutreffend verschiedene Phasen erkannt, durch die nahezu alle Menschen hindurchgehen. Das Wort »Phasen« suggeriert dabei eine stufenförmige Entwicklung, was in der Tat auch nicht abwegig ist; aber es ist nicht so, dass man von einer Phase in die nächste übergeht, sie gleichsam nacheinander abarbeitet und hinter sich bringt. Mein Eindruck ist, dass solch ein Wandel in der Lebensmitte eher spiralförmig verläuft: Man begegnet immer wieder den gleichen oder ähnlichen Dingen und hat sehr oft den Eindruck, auf der Stelle zu treten. Aber in all den oft auch als »Rückfall« erlebten Momenten zeigt sich im Nachhinein doch ein Fortschritt, der davon zeugt, dass der Umbruch nach und nach durchlebt und durchschritten wird. So geht es auch in diesem Buch: Immer wieder begegnet man gleichen oder ähnlichen Themen und dennoch ist eine Weiterentwicklung, ein Fortschritt darin spürbar.

Die Midlifecrisis verschwindet nicht einfach, sondern sie wird im Leben »aufgehoben«, und zwar im dreifachen Sinne, dass sie (1) bewahrt wird als neuer Bestandteil des Lebens und darin (2) auf ein höheres Niveau gebracht, d.h. gleichsam vom Boden aufgehoben und auf einer anderen Ebene positiv integriert wird, und dass sie (3) nicht mehr blockierend im Wege steht, so wie eine Straßensperre, die nach der Beendigung der Bauarbeiten »aufgehoben« wird. Dieses alte dialektische Prinzip der Aufhebung wird in einer Lebenskrise in kleinen Schritten, Tag für Tag, Stunde um Stunde Wirklichkeit.

Ich möchte im Folgenden also nicht einem phasenhaften Verlauf dieser Entwicklung nachgehen. Ich möchte mich lieber auf zwei grob zu unterscheidende Teile beschränken, wissend, dass die Übergänge auch darin fließend sind und dass man sich oft scheinbar wieder auf den Anfang zurückgeworfen findet, während man gerade dachte, nahe am Ziel zu sein. Aus meiner Erfahrung als Begleiter möchte ich zunächst die Zeit ins Auge fassen, in der *das Erleben des Abbruchs, des Verlustes, des Umbruchs* im Vordergrund steht. Dem sind die ersten vier Kapitel gewidmet. Unter dem Stichwort »Leere« beschreibe ich die Zwischenzeit zwischen dem, was war und verloren ist, und dem, was sich nach und nach für die Zukunft abzuzeichnen beginnt. Im zweiten Teil richte ich mein Augenmerk auf die Zeit, in der der Akzent auf dem *Neuaufbau* liegt. Das letzte Kapitel ist ein mehr oder weniger eigenständiger Anhang, der aufgrund von Nachfragen und anderen Erfahrungen speziell den *Wechseljahren des Mannes* gewidmet ist.

Natürlich ist im Erleben des Umbruchs bereits der spätere Neuaufbau grundgelegt, ebenso wie sich im Neuaufbau das Erleben der vorhergehenden Phase widerspiegelt; dennoch kann man diese beiden Aspekte schwerpunktmäßig sehr wohl unterscheiden. Die Praxis zeigt immer wieder, dass es nicht gut ist, in der Zeit des starken Verlusterlebens zu schnell nach einem Neuaufbau zu suchen, womöglich wichtige Schritte zu überschlagen und sich – so verständlich es auch ist – einen »Ersatz« zu schaffen. Die Zeit des Abbruchs muss durchgestanden werden, denn erst durch den Abschied vom Vergangenen, durch das *Loslassen* wird neuer Raum frei für einen schrittweisen Aufbau. Dieses Loslassen gehört dazu, sogar das Loslassen der Verlustsituation selber, so dass man nicht im bestehenden Mangel stecken bleibt, sich an den Schmerz über den erlittenen Verlust klammernd, weil dies, so merkwürdig es klingen mag, irgendwie immer noch erträglicher erscheint als die Konfrontation mit der schier endlosen Leere, die man im Loslassen zu spüren befürchtet.

Dies mag etwas kompliziert und schwierig scheinen, weil es hier in wenigen Worten einen sich langsam entwickelnden Prozess zusammenfasst. Es ist auch schwierig, gar keine Frage, eine Midlifecrisis ist ein schwieriger Prozess. In der Realität aber ist der Übergang vom einen ins andere, von der Erfahrung des Umbruchs hin zum Aufbau, etwas ganz Natürliches. Die »Midlife« ist keine Krankheit. Der Mensch hat von Natur aus ein Gespür dafür, was für ihn in jedem Moment »dran« ist und was nicht. Es ist nur oft so, dass man diese Fähigkeit, Wandlungen und Umbrüche zu durchleben, wieder neu entdecken und erwecken muss. Aber im Laufe der Zeit wird das Gespür dafür wach, und man kann sich immer mehr darauf verlassen. Dabei kann es durchaus vorkommen, dass man in »guten« Zeiten, in denen man sich innerlich gestärkt fühlt und mit großen Schritten voranschreitet, schon recht früh in die Phase des Neuaufbaus eintritt und sich dort quasi schon mal ein wenig umschaut – dann aber plötzlich wieder zurückfällt in eine Phase, in der Kummer und Pessimismus derart überhandnehmen, dass man sich nahezu völlig unbeweglich fühlt. Das ist normal, so wie bei einem Kleinkind, das gerade laufen lernt und das immer wieder hinfällt und wieder aufsteht. Es ist nicht »besser«, diesen Prozess schnell zu durchlaufen, die Krise zu »bewältigen«. Wenn es überhaupt einer Wertung bedarf, dann mag sie darin bestehen, dass es gut ist, in diesem Prozess so echt und so wahrhaftig wie möglich zu sein; dass man bereit ist, sich mit dem, was auf einen zukommt, auseinanderzusetzen und darin zu lernen. Mehr nicht.

Die Verarbeitung eines (wie auch immer gearteten) Verlustes und das Voranschreiten in der Midlifekrise ist eine gewaltige innere, manchmal auch äußere Anspannung. Man spricht in diesem Zusammenhang treffend von Krisen*arbeit*, obwohl dieses Wort insofern missverständlich ist, als dass man nicht einfach hingehen kann und sich hemdsärmelig »an die Arbeit« machen kann. Es handelt sich dabei um Arbeit, die die Seele verrichten muss, die man unterstützen und stimulieren, umgekehrt aber auch blockieren kann, die sich aber nicht mit dem Willen und dem Verstand steuern lässt. Diese Art von Arbeit wird durch wachsende Aufmerksamkeit, durch inneres Horchen und Nachforschen, durch Erkennen und Aussprechen von Gefühlen, durch tastendes Suchen »geleistet«. Vieles davon ist kein »Tun«, sondern eher ein »Lassen«, ein »An-sich-geschehen-Lassen«, wobei es darum geht, Veränderungen wahrzunehmen, Gefühle zu identifizieren, Angst durchzustehen, innere und äußere Prozesse der Verarbeitung zu unterstützen, sich in einer veränderten Welt zurechtzufinden und die eigene Identität neu zu entdecken. Auch das ist Arbeit, z.T. sogar schwere Arbeit. Für viele Menschen ist es leichter, aktiv etwas zu tun und in Gang zu bringen als, wie hierbei gefordert, etwas wirklich zuzulassen, etwas an sich geschehen zu lassen. Ich möchte Ihnen bei dieser Arbeit zur Seite stehen, Ihnen, wenn möglich, die Angst davor nehmen und Sie langsam zu neuen, eigenen Entscheidungen geleiten. Ein solcher Umbruch in der Lebensmitte nimmt einem Menschen augenscheinlich zunächst einmal die Regie über das eigene Leben aus der Hand, wobei es übrigens sehr wertvoll ist zu erfahren, dass es eine Illusion ist, ganz und gar Regisseur des eigenen Lebens zu sein. Ich möchte Sie anleiten, sich damit zu versöhnen und daran zu wachsen, dass Sie etwas zulassen und aufnehmen müssen, was Sie selbst nicht bedacht und vorhergesehen haben. Sie dürfen sicher sein, dass Sie sich am Ende wieder »fangen« werden, aber bereichert um die Erfahrung und das Bewusstsein, dass man nicht alles in der Hand halten kann – und in der Hand zu halten braucht. Nichts Wesentliches geht verloren, aber es ist jetzt die Zeit, in der Teile Ihrer Identität auf dem Prüfstand stehen und wieder neu »geboren« werden müssen. Sie werden am Ende reicher aus dieser Zeit hervorgehen, auch wenn Sie sich dies jetzt vielleicht noch gar nicht vorstellen können: »Es wird alles wieder gut, aber nie mehr wie vorher.«[2] Es besteht die Chance, dass die innere Angst vor Veränderung aufgedeckt wird und nach und nach wegschmilzt; dass man in dieser Zeit mehr Mensch wird, näher zu sich selbst und seinem Lebensziel oder Lebenssinn kommt. Darum ist es wichtig, sich diese Zeit der Reifung nicht nehmen zu lassen, weder von anderen, die irgendwann – oft sehr schnell – finden, dass »es jetzt doch mal vorbei sein muss«, noch von sich selbst, indem man verdrängt, wegsteckt, ignoriert oder sich der inneren Arbeit verweigert. Die Midlifecrisis erfordert Zeit und Aufmerksamkeit, und es ist von ganz entscheidender Bedeutung, dass man diese Zeit bewusst erlebt. Das heißt nicht, dass man derweil völlig funktionsunfähig ist, aber *in* allem, was man normaler-

weise macht, in der Arbeit, in den alltäglichen Gewohnheiten, in Kontakten, in der Freizeitgestaltung usw. ist etwas verwoben, was erst nach und nach in kleinen Schritten seinen Platz findet. Man braucht Zeit, um mit sich
selber klarzukommen, dem eigenen Inneren zuzuhören
und nachzugehen – man tut gut daran, sich diese Zeit zu
nehmen, es gibt im Grunde nichts, was jetzt wichtiger wäre! Das heißt, wie gesagt, nicht, dass man sich völlig zurückziehen muss, nicht mehr arbeiten kann u.ä., es bedeutet wohl, dass man seine Aufmerksamkeit nach innen
verlagert, neue und für viele um einen herum vielleicht
ungewöhnliche Wege geht. Das hat mit Egoismus oder
Selbstmitleid nichts zu tun: Die Seele (und auch der Körper) bedarf in der Zeit der Umwandlung erhöhter Aufmerksamkeit. Es ist nicht dasselbe, ob jemand wegen einer gewaltigen Erschütterung in seinem Leben nicht mehr
weiterweiß und diese Situation beklagt oder ob er untä-
tig in der Ecke sitzt und jammert. In der (innerlich aktiven) Klage setzt man sich mit dem Schmerz der Umwandlung auseinander, auch wenn die Klage die eigene
Ohnmacht zum Ausdruck bringt – die Klage ist die Sprache der Trauer! Im (innerlich passiven) Jammern hingegen verweigert man sich gerade dieser Auseinandersetzung, man »hängt durch«. Natürlich wird jeder Mensch
auch Momente haben, in denen er jammert und sich der
Auseinandersetzung verweigert, aber man kann daraus
wieder aufstehen und Schritt für Schritt weiterziehen.

Wegweiser

Die einzelnen Kapitel dieses Buches sind so etwas wie Stationen auf dem Weg durch die Midlifekrise, jedoch nicht

in dem Sinne, dass man sie einfach nur durchzugehen braucht und dann am Ende genauen Aufschluss darüber hat, was man gerade mitmacht, was einem womöglich noch alles bevorsteht oder was man so schnell wie möglich abarbeiten und hinter sich bringen kann. Ich kann keinem die eigene Arbeit abnehmen, das kann kein Mensch auf dieser Welt, aber ich kann Sie, den Leser/die Leserin, mit diesem Buch begleiten, vielleicht vor manchem behüten, manchmal in den Übungen vielleicht sogar in ein paar Bereiche lenken, die für Sie Neuland sind und in denen Sie für sich ganz neue Wege entdecken – aber gehen müssen Sie diese Wege selber; und auch neue Dinge, die Sie dabei entdecken, sind jetzt schon in Ihnen da und warten darauf »ent-deckt«, aufgedeckt zu werden. Dieses Buch lebt davon, dass Sie das, was Sie lesen, zulassen und aufnehmen; dass Sie sich also nicht nur mitnehmen lassen, sondern selbst gehen und dabei innerlich mitnehmen, mittragen, was Sie lesen.

Die einzelnen Stationen sind dann eine Art Haltestellen oder Reflexionspunkte auf dem Weg durch das eigene Innere, das in der Zeit des Umbruchs einem großen Chaos, einem *Tohuwabohu* – das hebräische Wort, mit dem in der Bibel die Erde vor der Schöpfung als »wüst und leer« beschrieben wird – gleichen kann oder einer Wüste, die öde ist und in der nur Leere herrscht und nichts mehr wächst.

In jedem Kapitel wird zunächst der innere Zustand beschrieben, der an diesem Haltepunkt vorherrscht: die Gefühle, die dabei eine Rolle spielen, Dinge, die man möglicherweise erlebt und erfährt. Hierin finden Sie Worte für das, was sich im Innern abspielt, und Sie finden so vielleicht den Mut, selber weiter zu differenzieren und eigene Worte dafür zu suchen. Dazu gebe ich einige Impulse und Anregungen mit, damit Sie weiter nachdenken und Klarheit gewinnen können. Es folgt in einigen Kapiteln ein Übungsteil »Zur Unterstützung«, mit dem man selbst weiterarbeiten kann. Diesen Teil können Sie bisweilen auch ruhig überschlagen, denn der Leseteil allein kann Ihnen oft schon ausreichend Orientierung bieten. Im Übungsteil finden Sie einen Text oder eine Übung zum Thema, versehen mit einigen Erläuterungen, Fragen und Anregungen zum Nachdenken, so dass die eigene Erfahrung klarer werden kann und zu Wort kommt. Der Übungsteil kann auch als eigener Teil verwendet werden, z.B. in Gruppensitzungen oder in Begleitgesprächen oder als Leitfaden für den Alltag mit sich allein.

In den einzelnen Kapiteln nehme ich mir (wie jetzt bereits in der Einführung) die Freiheit, Sie als Leser/Leserin manchmal direkt anzusprechen und vom allgemeinen »man« Abstand zu nehmen, denn Begleitung erfordert an manchen Stellen selbst in der Form des Buches ein gewisses Maß an Direktheit und Vertrautheit.

Wenn Sie mir über Ihre Erfahrungen berichten wollen oder vielleicht Fragen haben, schreiben oder mailen Sie mir. Die aktuellen Adressdaten und E-Mail finden Sie auf meiner Webseite www.die-feier.de.

Eigentlich bin ich ganz anders,
ich komme nur nicht dazu.
Ödön von Horvath

Es hat mich getroffen:
Willkommen im Club!

Meine eigene Welt ist nicht mehr so wie vorher. Meine Umwelt reagiert irgendwie anders, etwas ist los, anders als sonst. Ich weiß es, aber manchmal ist es wie im Traum, und ich denke: Gleich wache ich auf und dann ist alles vorbei. Manchmal werde ich frühmorgens oder mitten in der Nacht wach, und plötzlich wird mir wie mit einem Hammerschlag bewusst, dass dieses dumpfe Gefühl, einen Albtraum gehabt zu haben, nicht stimmt, sondern dass es noch viel schlimmer ist: Dieser Albtraum ist die Realität! Nie hätte ich gedacht, dass *mir* so etwas passieren könnte. Man hört es oft genug von anderen – aber jetzt *ich??*

Es geht echt um mich

Also halten wir mal nüchtern fest: Es ist nicht seine, deine, ihre, eure oder unsere Midlifecrisis, in der ich da stecke, sondern *meine*, und Sie selbst sind der Einzige, der etwas daran machen kann. Das kann einen für einen Moment auch mal ganz schön einsam fühlen lassen. Das ist real, Krisenarbeit ist ein einsamer Job, auch dann, wenn Tausende Leute oder Freundinnen und Freunde das auch schon erlebt haben, es hilft erst mal gar nichts. Manchmal könnte man mitten auf einem Rummelplatz stehen und vor Einsamkeit laut schreien! Eine kleine Auswahl möglicher Negativ-Gefühle in diesem Zusammenhang finden Sie im Übungsteil dieses Kapitels.

Sobald man (an)erkennt, dass man tatsächlich in einem Umbruch steckt, in einer Krise, in einem Wandel, hat man die Chance, etwas daran zu tun – *ich* bin betroffen, es geht um *mein* Leben.

Tritt dies alles abrupt ein, dann geht ein gewaltiger Ruck durch das Leben. Bestürzung, das Gefühl, dass sich da irgendwo etwas ereignet hat, das eine Reaktion von mir fordert, das aber gar nicht wirklich zu mir gehört, noch gar nicht in mir drin ist. Es bleibt irgendwie wesenlos, äußerlich, draußen. Ich habe es registriert, dass sich da etwas verändert hat, nicht mehr da ist – aber es sagt mir eigentlich gar nichts. Ich höre es zwar und kann es nacherzählen am Telefon, aber ich verstehe es nicht. Ich bin im falschen Film, die Bahn fährt in die falsche Richtung, ich will aussteigen, aber der Zug ist schon abgefahren, es geht nicht mehr zurück.

Manchmal reicht eine treffende Bemerkung eines anderen, um einen aus dem Gleichgewicht zu bringen und zum Innehalten zu bringen. Dabei ist der *Auslöser* nur selten auch der *Grund* eines Umbruchs. Etwas anderes ist es, wenn man nach und nach und nahezu unmerklich in eine Krise hineinrutscht und zu irgendeinem Zeitpunkt innehält und feststellt, dass sich ganz grundsätzlich etwas geändert hat. Das kann scheinbar (!) ohne jeden Anlass in der Lebensmitte (»Midlife«) geschehen. Es kann auch ein Aufbrechen bis dato unbemerkter Energien in einer scheinbar harmonischen Partnerschaft sein, es kann durch die Versetzung in den angeblich so »wohlverdienten« (Vor-)Ruhestand geschehen. Es gibt auch Paare, die sich nach einigen Jahren des Zusammenlebens dazu entschließen zu heiraten und die sich kurz nach der Hochzeit in einer Krise wiederfinden.

Wenn die Konsternation vorüber ist und der Ärger und die Wut sich für einen Moment legen, dann hält man inne, man fragt sich: Was ist denn jetzt mein Leben? War es das? War das schon alles? Wie soll es denn jetzt weitergehen? Soll es das überhaupt: weitergehen?

In manchen Momenten, oft viel später, wird spürbar, dass das, was jetzt geschehen ist, auch andere Dinge mit sich mitschwemmt, unverarbeitete Dinge von früher, die nicht ganz zur Ruhe gekommen sind, die jetzt aufgewühlt werden, sich stauen und die einem die Kehle zukneifen.

Egal, es hat *mich* getroffen, jetzt, akut, anders als erwartet. Ich dachte, ich sei dafür gerüstet, aber jetzt ist es doch ganz anders. Womöglich gibt es einiges zu regeln, der Alltag, die Arbeit, die Familie stehen nicht still, »das Leben geht weiter«, wie man so schön sagt. Es geht ohne mich weiter, geht auch schon mal komplett an mir vorüber. Was ich tue, läuft fast schon mechanisch ab, ich bin wie von der Rolle; es ist, als ob ich nicht ganz in mir selbst wäre. Manchmal frage ich mich, ob ich denn noch ganz normal bin. Ich müsste doch irgendwie reagieren, etwas unternehmen. Ich tue ja auch etwas, aber das ist äußerlich, innen bin ich wie gelähmt. Ich will allein sein: Lasst mich in Ruhe! Zugleich frage ich: Kann mich denn nicht jemand mal einfach in den Arm nehmen, ohne viel zu fragen, ohne all das Gerede und die weisen Ratschläge?!

Es tut gut, wenn Sie dies alles spüren und es in sich aufkommen lassen, ohne direkte Wertung, einfach nur registrierend. Das ist etwas, was ich gelernt habe, dass ich nicht gleich reagieren und etwas tun muss; erst mal nur wahrnehmen, registrieren: Dies und das fühle ich jetzt, so und nicht anders, passend oder nicht. Manche liegen abends stundenlang wach, andere schlafen normal ein, werden aber mitten in der Nacht oder morgens sehr früh wach, und plötzlich steht, wie eingangs beschrieben, die ganze Dramatik und Unausweichlichkeit ihrer Situation lebensgroß vor ihnen. Wenn es so ist, bleiben Sie dann innerlich dabei! Rennen Sie nicht weg, sondern stehen Sie dabei still und schauen Sie sich alles so ruhig wie möglich an, ganz bewusst. Schlafen können Sie später noch, jetzt gilt es zuzulassen, zu betrachten und zu empfinden, was Sie in dieser Intensität möglicherweise noch nie so empfunden haben. Auch wenn es wehtut: Es ist jetzt etwas Wichtiges in Ihrem Leben an der Reihe, es ist »dran«, und das lässt sich nicht ungestraft verdrängen. Tapferkeit in dieser Situation heißt nicht, dass Sie »den Kopf über Wasser halten« oder »die Ohren steifhalten« müssen, nicht weinen dürfen oder wegsehen müssen und ganz und gar verbissen sich selbst beherrschen sollen, sondern Tapferkeit heißt, sich solchen Momenten so offen wie möglich zu stellen, ihnen nicht aus dem Weg zu gehen, sie nicht zu verharmlosen – sie andererseits aber auch nicht aufzusuchen und aufzubauschen, sondern ganz nüchtern da sein zu lassen und zu erleben.

In Momenten, in denen für Sie die Schmerzgrenze erreicht oder gar überschritten ist, kann es helfen, sich in der Phantasie einmal für kurze Zeit fünf Jahre in die Zukunft zu katapultieren, um dann von diesem fernen Standpunkt aus auf den jetzigen Moment zurückzuschauen: Wie werde ich in fünf Jahren über das denken, was ich jetzt erlebe und fühle?

Eine andere Möglichkeit ist die, dass man sich in eine andere Person hineinversetzt und aus dieser Perspektive sich selbst betrachtet: Was würde ... jetzt sagen, wenn er/sie mich jetzt sähe? Wichtig ist in jedem Fall, dass man ein ganz klein wenig Abstand von sich selbst gewinnt, so dass man alles mit etwas mehr Ruhe betrachten kann und so der Schmerz tragbarer wird. Durch den äußeren Anlass ist etwas in Gang gekommen, was sich in der Zeit davor manches Mal ankündigte, aber nie so recht zum Ausbruch gekommen ist. Dort hat sich gleichsam »aufgewickelt«, aufgerollt, aufgestaut, was sich jetzt »ent-wickelt«. Der Damm ist gebrochen, und es setzt etwas ein, was nicht mehr zurückzuhalten ist.

Manchmal wird man sich fragen – und diese Frage ist sehr berechtigt: Warum gerade ich? Was hat das für einen Sinn? Will gar Gott mich denn für etwas strafen – aber wofür? Was habe ich denn verbrochen? Es gibt auf diese Frage nach dem Warum zunächst einmal keine Antwort.

Aber ich bin nicht der Einzige

Wenn sich einem Menschen in dieser Phase der direkten Betroffenheit Fragen nach dem Sinn aufdrängen, dann ist es vielleicht gut zu wissen, dass man nicht der Erste und Einzige ist, den so etwas trifft. Besser als nach einer vermeintlichen Schuld für das Geschehene zu suchen, ist es jetzt, darauf zu vertrauen, dass keine Situation völlig ohne jeden Ausweg ist. Vielleicht kann die Frage nach dem »Warum« später, in einigen Jahren einmal, annähernd in dem Sinne beantwortet werden, dass man rückschauend sagt: Vielleicht »musste« es so sein, auf jeden Fall ist aus dem, was dort geschah, dennoch Leben hervorgekommen, es hat sich etwas positiv entwickelt.

Wenn *Schuldgefühle* auftauchen, sollte man sich erst einmal ganz nüchtern fragen, ob man denn tatsächlich eine Schuld auf sich geladen hat, die eine solche »Strafe« rechtfertigt. Wenn dies nicht der Fall ist, sollte man diese Schuldgefühle fürs Erste als falsch bezeichnen und in aller Ruhe beiseitelegen. Zu einem späteren Zeitpunkt hat es dann durchaus Sinn, sich eingehend mit Schuld und Schuldgefühlen auseinanderzusetzen, aber das ist jetzt noch nicht der Fall, jetzt führen solche Überlegungen leicht in eine Sackgasse und oft genug in Depression. Es scheint dann so, dass man sich damit noch mehr bestrafen und vernichten will, als ob das Geschehene nicht schon genug wäre – aber wenn man sich selbst beschuldigt und vernichtet, hat man zumindest scheinbar noch ein ganz kleines Stückchen in diesem Prozess selbst in der Hand, und das erscheint manchmal noch erträglicher, als sich offen der Situation und dem erlittenen Verlust zu stellen und dabei alles aus der Hand geschlagen sein zu lassen. Auf den konkreten Umgang mit Schuldgefühlen komme ich im vierten Kapitel noch einmal zurück.

Zur Unterstützung

Multiple Choice

Hier dann, wie versprochen, erst einmal eine kleine Auswahl möglicher Negativ-Gefühle, die anzeigen, dass man plötzlich ganz alleine dasteht. Kreuzen Sie ruhig an, was auf Sie zutrifft (Mehrfachnennungen möglich):

☐ Keiner versteht mich richtig.

☐ Könnte ja sein, ist zumindest nicht ganz ausgeschlossen, dass ich selbst auch etwas damit zu tun habe.

☐ Im Grunde ist alles meine Schuld.

☐ Ich habe versagt, ich bin nicht gut genug.

☐ Am Ende bleibe ich immer alleine.

☐ »I am a rock, I am an island … and a rock feels no pain and an island never cries« (Paul Simon).

☐ Am liebsten würde ich mir einfach die Bettdecke über den Kopf ziehen.

☐ Ich wusste schon immer, dass etwas nicht so ganz stimmt.

☐ So allein wie jetzt war ich noch nie im Leben.

☐ Ich kann einfach nicht mehr.

☐ Ich will nicht.

☐ »My babe left me and I sing the blues« (B. B. King).

☐ Die ganze Welt kann mich mal kreuzweise.

☐ Ich fühle mich unendlich verlassen.

Und wo wir doch gerade schon mal dabei sind, hier einige Gefühle und Einsichten, die vielleicht auch stimmen (wiederum zum Ankreuzen, Mehrfachnennungen erwünscht)

☐ Ich kann leben!

☐ Viel schlimmer kann's jetzt auch nicht mehr werden.

☐ Endlich mal alleine!

☐ Negativität gebärt nur Negativität.

☐ Auch ich habe ein Recht, da zu sein.

☐ Euch werde ich's zeigen!

☐ Ich darf lernen und das kann ich auch.

☐ Es gibt eine Chance, sogar für mich.

☐ Die anderen kochen auch nur mit Wasser.

☐ Verloren habe ich schon, jetzt kann ich nur noch gewinnen.

☐ Wer mit dem Rücken zur Wand steht, hat keine Auswahl, es geht nur nach vorne!

☐ Wo's mir sowieso schon so schlecht geht, kann ich auch gleich aufhören zu rauchen.

☐ In meinem Leben ändert sich was, da will ich wenigstens dabei sein.

Als Nächstes möchte ich Ihnen eine ganz leichte, aber sehr wichtige und für die weitere Entwicklung überaus hilfreiche Grundübung vorstellen:

Fühlen

Es handelt sich um eine ganz simple Übung, die Sie während der ganzen Zeit begleiten wird und die Ihnen trotz ihrer Einfachheit immer wieder neue Impulse geben kann. Wenn ich aus heutiger Sicht auf diese Periode in meinem Leben zurückblicke, war es diese Übung, die mich am meisten weitergebracht hat:

Sorgen Sie dafür, dass Sie ein- oder zweimal am Tag etwas Zeit nur für sich selbst haben. Gut wären etwa 20 Minuten, aber oft reichen auch schon eine Viertelstunde, zur Not auch nur zehn Minuten irgendwann am Tag. Es ist gut, einen mehr oder weniger festen Zeitpunkt dafür einzurichten, aber auch das ist nicht zwingend notwendig. Sorgen Sie bitte dafür, dass es in Ihrer Umgebung ruhig ist, dass kein Radio tönt und kein Telefonanruf Sie stören kann. Setzen Sie sich ruhig hin und versuchen Sie sich zu entspannen. Es hilft, wenn Sie dabei gerade und aufrecht sitzen, aber wenn Sie lieber im Sessel sitzen, braucht auch das kein Hinderungsgrund zu sein. Leise und entspannende Musik im Hintergrund kann für manchen eine Unterstützung sein, eine Duftlampe kann ebenfalls eine angenehme Atmosphäre schaffen, ist aber auch nicht jedermanns Sache. Achten Sie nur darauf, was *Ihnen* behilflich ist! Was Sie auf jeden Fall brauchen, ist Stille, einen Zettel (oder ein Heft) und einen Stift.

Wenn Sie sich eingerichtet und sich womöglich ein wenig entspannt haben, wenden Sie sich der Frage zu: Was *fühle* ich jetzt? Versuchen Sie zu spüren, was Sie wirklich fühlen. Es ist für diese Minuten weniger wichtig, was Sie *denken*, wichtiger ist Ihr Gefühl. Einfach nur entdecken und registrieren, was Sie fühlen, weiter nichts, jeden Tag. Das kann ein tiefes Gefühl sein, es kann aber auch ganz oberflächlich sein. Egal, schreiben Sie es einfach auf und erforschen Sie weiter, was in dem Moment in Ihrem Herzen an Gefühlen umgeht. Schreiben Sie Ihre Gefühle nach und nach auf, so wie Sie sie empfinden, ohne sie zu werten oder zu sortieren oder einen Kommentar dazu zu geben (was oft sehr schwerfällt). Es mag auch durchaus sein, dass Sie »nichts« fühlen, dass Ihr Gefühl betäubt ist, wie etwa ein Körperglied im ersten Moment nach einem heftigen Schlag. Dann schreiben Sie ruhig auf: »Ich fühle nichts.« Versuchen Sie aber weiter, *alle* Gefühle in sich zuzulassen und zu benennen, auch wenn sie nicht in Ihr Bild von dem passen, was Sie jetzt spüren sollen oder wollen.

Wenn Sie möchten, können Sie dann im Anschluss das, was Sie spüren, einem der vier Grundgefühle zuordnen: Ist das, was ich fühle, eher *Angst* oder *Wut* oder *Freude* oder *Trauer* – dabei ist es gut, so weit wie möglich zu unterscheiden, denn z.B. nicht alles, was einen insgesamt traurig macht, ist Trauer, manches ist wohl auch der Wut oder gar der Freude (»Erleichterung«) zuzuordnen.

Sie werden bereits nach wenigen Tagen überrascht aufschauen, wie sehr Ihnen diese kleine Übung helfen kann, bei sich und bei Ihrer eigenen Entwicklung zu bleiben. Weiter nichts, täglich mindestens einmal, besser zweimal: Entdecken Sie, was Sie fühlen, und stehen Sie zu dem, was Sie fühlen. Vertuschen Sie Ihre Gefühle nicht, weder vor sich selbst noch vor anderen, soweit Sie bereit und imstande sind, sich anderen gegenüber zu äußern. Mit der Zeit werden Sie sehen, dass diese kleine tägliche Übung so etwas wie ein Freund und Reisegefährte für Sie wird, etwas, was Sie ständig daran erinnert, dass Sie selber leben.

Wenn Sie nach einiger Zeit gelernt haben, auf Ihre Gefühle zu hören, und wenn Sie sich an die Widersprüchlichkeit und das Chaotische dieser Regungen ein wenig gewöhnt haben, können Sie in einem weiteren Schritt die Frage angehen, was denn diese Gefühle hervorruft. Versuchen Sie diese Frage im Laufe der Zeit immer genauer zu beantworten. Wenn Sie z.B. »die Trennung von ...« als Ursache benennen, so liegt dem bei genauerer Betrachtung »meine eigene Hilflosigkeit in dieser Situation« zugrunde oder »mein Widerstand dagegen, alleine leben zu müssen«. – Aber wichtiger als alle Differenzierung ist zunächst, dass Sie sich diese Zeit für sich selbst nehmen, sie manchmal auch durchstehen und auf jeden Fall bei dem bleiben, was Sie selbst *fühlen*.

Verwirrung und Zerstörung

Im Folgenden möchte ich Ihnen eine alte Geschichte erzählen, die archetypisch in mehreren Religionen in verschiedenen Formen und Fassungen überliefert wird und
die in der jüdisch-christlichen Tradition bekannt geworden ist als die Geschichte vom »Turmbau zu Babel«. Dieser Text wird manchmal moralisierend gedeutet, um
den Menschen die Eitelkeit und Eigenmächtigkeit ihres
Tuns vor Augen zu halten. Ich will nicht behaupten,
dass diese Interpretation völlig falsch oder unzulässig sei,
sie bringt nur nicht sehr viel weiter. Fruchtbar wird sie
erst dann, wenn sie mit der realen Erfahrung eines Menschen in Kontakt gebracht wird. Sie werden sehen, dass
diese Geschichte Elemente enthält, die der krisenhaften
Situation entsprechen, der wir uns in diesem Kapitel ge-
nähert haben. Das, was ein Mensch in dieser Situation erfährt, haben unzählige Generationen auf ihre je eigene
Art und Weise erfahren. Sie haben diese Erfahrungen,
zu Geschichten komprimiert, weitererzählt, um Hinweise zu geben, wie man mit solch einer Erfahrung so umgehen kann, dass sie für das weitere Leben fruchtbar
wird. Sie brauchen übrigens nicht sonderlich gläubig zu
sein, um sich mit dieser Geschichte zu beschäftigen. Nehmen Sie sie einfach auf in den Kontext Ihres aktuellen
Lebens.

Alle Menschen hatten die gleiche Sprache und gebrauch-
ten die gleichen Worte. (...) Dann sagten sie: Auf, bauen
wir uns eine Stadt und einen Turm mit einer Spitze bis
zum Himmel, und machen wir uns damit einen Namen,
dann werden wir uns nicht über die ganze Erde zerstreu-
en. Da stieg der Herr herab, um sich Stadt und Turm an-

zusehen, die die Menschenkinder bauten. Er sprach: Seht nur, ein Volk *sind sie und* eine Sprache *haben sie alle. Und das ist erst der Anfang ihres Tuns. Jetzt wird ihnen nichts mehr unerreichbar sein, was sie sich auch vornehmen. Auf, steigen wir hinab und verwirren wir dort ihre Sprache, so dass keiner mehr die Sprache des anderen versteht. Der Herr zerstreute sie von dort aus über die ganze Erde, und sie hörten auf, an der Stadt zu bauen. Darum nannte man die Stadt Babel (Wirrsal), denn dort hat der Herr die Sprache aller Welt verwirrt und von dort aus hat er die Menschen über die ganze Erde zerstreut.*

- Ganz wichtig ist es, sich noch einmal die Perspektive bewusst zu machen, in der eine solche Geschichte erzählt und weitergegeben wird: Da haben Menschen eine bestimmte Erfahrung in ihrem Leben gemacht, eine menschliche Erfahrung, von der sie rückblickend glauben, dass sie sinnvoll ist und zum Guten führt, dass sie von Gott zeugt. Also erzählen sie sie so, dass Gott selbst als »Akteur« darin vorkommt. Das heißt aber nicht, dass irgendwo »oben« (auch das ist ein Bild) jemand thront, der sich in die Weltgeschichte einmischt, sondern am Anfang steht ihre ganz »normale«, menschliche Erfahrung, die, etwas abstrahiert, wie folgt aussieht: Es gab eine Entwicklung bis zu einem gewissen kritischen Punkt, dann folgte ein Zusammenbruch, und im Nachhinein hat man erkannt, dass dies irgendwie so kommen »musste«, d.h., dass es (trotzdem) einen Sinn gab und eine Möglichkeit zum Guten.
- In dieser Situation fällt all das, was man sich – innerlich wie äußerlich – aufgebaut hat, plötzlich in sich zusammen. Ob dies vorher gut oder schlecht war, sei einmal

völlig dahingestellt. Nur jetzt »funktioniert« es nicht mehr, alles bricht wie ein Kartenhäuschen zusammen.

- Bis zu diesem Zeitpunkt sprach man die Sprache, die alle sprechen. Man »verstand sich«, aber es war keine wirkliche Einheit, die tief genug geht, es war nur eine dünne Schicht, die nicht wirklich trägt, wenn es darauf ankommt. Es braucht nur das einzustürzen, was man aufgebaut hat, und schon versteht der eine den anderen nicht mehr, ist man in alle Winde zerstreut.

- Es kann übrigens auch passieren, dass man in der Krise als Einzelner (und zeitweise vielleicht sogar als Einziger) die Sprache der anderen nicht mehr versteht, sie selbst nicht mehr spricht, weil sie einem ausgehöhlt und eitel vorkommt, da man selbst durch die dünne Schicht der Einheit hindurchgesackt ist. Man »versteht die Welt nicht mehr«.

- Von einem auf den anderen Tag herrscht »Wirrsal«, komplette Verwirrung. Alles ist durcheinandergerüttelt, nichts ist mehr dasselbe, alles hat eine andere Bedeutung, einen anderen Inhalt, einen anderen Stellenwert bekommen. Das, was oben auf dem Turm war, liegt jetzt ganz unten am Boden; das, was einen gestern noch zum Leben führte und nahe zu Gott brachte, drückt einen jetzt hinunter.

- Verwirrung herrscht auch in mir, in meiner Innenwelt. Alles flieht, nichts ist mehr greifbar, was gerade noch vertraut und selbstverständlich war. Ich würde selbst auch gerne fliehen, wenn ich nicht so am Boden zerstört wäre.

- Alles war so gut und so normal und nahezu unerschütterlich geworden. Mir fehlte es augenscheinlich an nichts, aber Glück und Geborgenheit sind nicht »machbar« aus eigener Kraft. Sicherheit ist eine Illusion, die von heute auf morgen zusammenbrechen kann.

- Dieser Umbruch zeigt, wie relativ das ist, was man sich mühsam aufgebaut hat, wie wankelhaft und zerbrechlich das eigene Weltbild ist. Vielleicht wird so irgendwann der Blick frei für das Fundament, auf das ich mein neues Leben bauen kann.

Zum Nachdenken

- Wer und was ist mir geblieben und ist mir wichtig?
- Was tut mir jetzt gut?
- Wer kann mich in Sachfragen beraten?
- Wem kann ich mich in meiner Situation öffnen, und zwar so, dass es mir hilft?
- Kenne ich Menschen, denen es ähnlich ergangen ist?
- Wovor habe ich jetzt noch Angst?
- Was wäre das Schlimmste, was jetzt passieren könnte?
- Was wäre das Beste, was jetzt real passieren könnte?

Und noch was zum Abschluss. Es stimmt tatsächlich: Sie sind jetzt allein, kein noch so netter, lieber und nahestehender Mensch kann Ihnen Ihr Paket abnehmen, und es kann sogar tatsächlich so sein, dass keiner Sie wirklich hundertprozentig versteht. Ist einfach so. Also nehmen Sie's auf sich, gehen Sie's an. Wie beim Zelten: Wenn man das Wasser nicht selber holt, gibt's nichts zu trinken und nichts zum Kochen.

Apropos Wasser: Wem es bis zum Halse steht, der sollte am besten mit leichten Schwimmbewegungen anfangen – auch wenn es bei Ihnen natürlich noch längst nicht so weit ist, klar, aber schon mal so ein bisschen üben kann ja nicht schaden.

Es kann übrigens durchaus sein, dass sie kaum Energie in sich spüren, überhaupt etwas zu tun, aber probieren Sie's einfach mal aus, Sie werden sehen, die Energie reicht immer noch gerade für die nächste kleine, notwendige Bewegung.

In mir die Sintflut

Wie ein Tsunami

Vermutlich kennen Sie die Geschichte von Noach, von der großen Sintflut, die über die Erde hereinbricht, wo es Tag und Nacht regnet, so lange, bis restlos alles unter Wasser steht und nichts mehr aus dem Wasser hervorschaut. Tsunamis, bei denen nach einem Erdbeben – auch das kann eine innere Entsprechung haben – eine riesige Flutwelle alles platt walzt, was eben noch so selbstverständlich dastand, haben eine vergleichbar verheerende Wirkung. Nur Noach hat sich auf eine Eingebung (das lateinische Wort dafür ist »intuitio«, Intuition) hin eine Arche gebaut, wörtlich übersetzt: einen Kasten, eine geschlossene Kiste, und darin alles untergebracht, was nötig ist zum Überleben und zum Neuanfang, irgendwann einmal. Aber so weit ist es noch lange nicht.

Diese Geschichte von Noach kommt mir wie die symbolische Ausdrucksform einer tiefen Krise vor: Da sitzt jemand in seinem Boot, über den die Katastrophe hereinbricht, die seine ganze Umwelt und alles, was ihm bis dahin normal und wichtig erschien, untergehen lässt, und der selbst auf irgendeine Art und Weise das zweifelhafte Los hat, diese Katastrophe zu überleben. Alles, was auch nur irgendwie lebendig war, ist untergegangen, nichts ist mehr da, alles steht unter Wasser, es sind keine Konturen von irgendwas mehr zu erkennen, alles ist ein großer See, voller Regenwasser, das von außen auf mich eindringt; aber es sind auch die vielen geweinten und ungeweinten Tränen, die aus mir hervorbrechen, Tränen von Kummer und Schmerz über den erlittenen Verlust, über all das nicht mehr mögliche Leben, über alle ungenutzten Chancen, alle Träume, alle nicht erwachte Liebe. Ein Tal, gefüllt mit Tränen und Regen, bis nichts mehr daraus hervorschaut und alles untergegangen ist.

Dort schwimmt, gleichsam wie in einer Nussschale, obendrauf mein Leben. Das ist es, was ich vor mir sehe. Aus irgendeinem unerklärlichen Grund bin ich noch nicht untergegangen. Ich lebe noch, mein Puls ist spürbar, ich atme noch. In mir ist, beschränkt auf ein absolutes Minimum, noch alles vorhanden, was unabdingbar zu mir gehört – nichts im Vergleich zu dem, was einmal war. Wie vieles von dem, was zu mir gehörte, ist mit vergangen! Was jetzt noch da ist, ist gerade genug, um zu überleben, mehr nicht. Keine Menschen mehr, die mir weiterhelfen können, keine Bäume, an denen noch irgendetwas wächst, keine Berge, an denen ich mich orientieren könnte, der Himmel voller Wolken, ohne jeden Sonnenstrahl. Von oben regnet es ohne Unterlass, von unten drängt die Flut mich mal nach rechts, mal nach links, ein Spiel im Wind, sonst nichts, ausgeliefert, treibend auf dem Wasser, keinen festen Boden unter den Füßen. Am liebsten würde ich mich verkriechen wie früher als Kind unter der Bettdecke, aber was hilft das schon? Es regnet weiter, und ich bin dem hilflos ausgeliefert. Meine Welt ist schon untergegangen, aber immer noch regnet es. Ist es denn nie genug? Wie lange kann ich mich noch über Wasser halten? Denkt denn niemand mehr an mich? Weiß denn keiner, was in mir umgeht? Wo ist Gott denn jetzt, wo ich ihn brauche? – Ich bin ganz auf mich selbst gestellt. Drinnen in mir bewegt sich immer weniger, langsam erstarrt alles und ist zugleich chaotisch lebendig. Da kreischt und brüllt alles durcheinander und ist plötzlich, wie von Zauberhand bewegt, ganz still und starr, gefühllos – bis es wieder aufbricht. Ich schwimme, habe keinen festen Boden unter den Füßen. Wo bin ich eigentlich? Gibt es mich noch? Ein Blick nach draußen vergewissert mich, dass es keinen festen Punkt auf dieser Erde gibt, auf dem ich aufsetzen könnte.

Es ist eine dramatische und zugleich sehr realistische Geschichte, die da über Noach erzählt wird. Das Notwendigste zum Überleben ist geborgen in der Arche, in dieser »Kiste aus Holz und Gottvertrauen«[3]. Auch Noach erfährt, dass er ganz auf sich allein gestellt ist, er treibt allein auf den Fluten mit dem Minimum, was zum Überleben notwendig ist, mehr nicht. Doch die Geschichte geht noch weiter:

Wenn die Flut endlich vorbei ist, der Regen aufgehört hat und die ersten Berge wieder sichtbar werden, öffnet Noach das Fenster der Arche und lässt einen Raben hinaus. Ein Rabe, pechschwarz, die Gestalt des Dunklen, der Trauer: Das ist vorläufig alles, was aus der Arche nach draußen dringt. Der Rabe fliegt so lange ein und aus, bis das Wasser der Sintflut gesunken ist. Dann lässt Noach eine Taube hinausfliegen, Zeichen der Versöhnung, des Friedens und auch der Auserwählung. Aber das, was er da hinauslässt, findet auf der Erde noch keinen Halt. Es ist anscheinend zu früh, sie bekommt noch kein Bein auf den Boden. So nimmt er die Taube wieder zu sich und wartet. Er wartet sieben Tage, d.h. die ganze Zeit, die nach biblischer Überlieferung Gott braucht, um die Erde und alles, was auf ihr lebt, zu schaffen. Dann erst lässt er die Taube wieder hinausfliegen. Dieses Mal kehrt sie mit einem grünen Zweig im Schnabel wieder. Noach sieht seit langem wieder einen grünen Zweig! Anscheinend wächst da draußen auf der Erde wieder etwas, es grünt. Noch einmal wartet Noach sieben Tage und sieben Nächte und lässt dann die Taube zum dritten Mal hinausfliegen. Dieses Mal kehrt sie nicht mehr zur Arche zurück, sie hat Aufnahme gefunden in der Welt draußen. Am Ende, so steht es dort zu lesen im Buch Genesis, »am ersten Tag des ersten Monats«, an einem völlig neuen Anfang, entfernt Noach das schützende Dach der Arche, »er blickte hinaus und siehe: Die Erdoberfläche war trocken.«

Noach steht für den Menschen, der mitten in der Katastrophe überlebt und überleben muss, um einen neuen Anfang möglich zu machen. In einem solchen Menschen, über den eine Katastrophe hereingebrochen ist, herrschen zum Teil chaotische Gefühle, völlig ungereimt und unvermittelt nebeneinander: Trübes und Dunkles neben Erleichterung und Zuversicht; Wut neben Zuneigung. Kleine Anlässe genügen, um das gerade mühsam erworbene Gleichgewicht wieder zu kippen. Ordnungs- und Bewältigungsstrategien versagen ihren Dienst, der scheinbar feste Glaube ist wie weggeblasen. Weinen und Klagen, das ist im Grunde das Einzige, was noch geht, was die drohende Verstarrung zumindest ein wenig löst. Auch nicht immer. Es ist durchaus in Ordnung, eine solche Situation zu beklagen und zu beweinen, traurig und untröstlich zu sein. Die Fluten brechen ein, und es hat keinen Sinn, sie aufhalten zu wollen. Es ist kein falscher Egoismus, wenn man in solchen Momenten weint und klagt, oft ist es ein notwendiger Schritt im Vertrautwerden mit der Situation. Klagen Sie ruhig, weinen Sie ruhig, so lange, bis die Fluten und der Regen von selbst weniger werden und versickern. Sie stecken womöglich in einer Situation, die Sie Ihrem ärgsten Feind nicht wünschen mögen – die aber auch Chancen in sich birgt, die Sie Ihrem besten Freund gönnen würden –, aber das wird vermutlich erst später sichtbar werden.

Alles ist verrückt

Menschen in der Midlifecrisis – und das gilt für jede intensive Lebenskrise – sind sehr verletzlich; sie sind überdies äußerst empfindsam für das, was echt ist und was geheuchelt ist. Sie haben nichts zu verlieren, denn verloren haben sie (quasi) schon. Sie sind nicht selten auch reizbar und intolerant allem gegenüber, was in diesem Moment nicht in ihre stark bewegte und völlig verunsicherte Welt passt. Das ist einfach so, und keiner sollte Ihnen Vorschriften machen, was Sie in dieser Periode zu fühlen haben, wie Sie sich verhalten sollen und wie lange dies alles dauern darf. Die Tränen werden irgendwann versiegen, wenn die Zeit dafür da ist. Irgendwann wird es stiller werden, die Arche wird aufsetzen und es wird wieder eine Struktur erkennbar werden in all dem, was unter Wasser gestanden hat.

In einer solchen Phase, in der alles untergeht und alles unwiederbringlich verloren ist, gibt es erst einmal keine Hilfe. Was geschehen ist, ist im Grunde nicht auszuhalten, und doch führt kein Weg daran vorbei. Begreiflich, dass man am liebsten gar nicht hinschauen möchte, aber das Bewusstwerden des Verlustes hat schon eingesetzt, es bohrt sich unaufhaltsam weiter, dringt ein in den Geist, den Körper, die Seele. Nichts mehr ist noch normal, alles ist von der Stelle gerückt, ist tatsächlich »ver-rückt« – und man fragt sich oft, ob man es selbst auch ist. Dies ist das ganz normale Chaos der »Midlife«! Wäre es umgekehrt denn normal, wenn nach einem schweren Verlust, nach einem großen Entwicklungsschritt alles einfach so weiterginge? Das Kuriose ist ja, dass äußerlich um einen herum alles »ganz normal« weitergeht, manchmal gnadenlos. Man kommt schon irgendwie in so eine Art Beweispflicht, dass man gerade in einem wichtigen Umbruch steckt und dafür Zeit und Raum braucht. Den Satz »das Leben geht weiter« sollte man sich vielleicht eine Zeit lang einfach nicht mehr anhören! Die Midlifekrise ist eine Art Störfaktor oder zumindest eine Funkstörung im Alltag. Oft negativ bewertet: »Der / die hat gerade 'ne Menge mit sich selbst zu tun.« Aber für einen selbst gibt es keine Alternative dazu, als diese Zeit durchzustehen, sich selbst oft wundernd, wie viel man immer noch aushalten kann – auch wenn man es gar nicht will.

Wenn man so ganz und gar betroffen ist und der Umbruch angefangen hat, dann kann man nur mit Mühe überhaupt noch weiter »normal« funktionieren, auch wenn das soziale Umfeld es ständig verlangt. Die alltäglichsten Dinge können zu einer ungewohnten Last werden: Das Aufstehen fällt schwer; man schleppt sich zur Arbeit oder muss den Arzt davon überzeugen, dass es nicht weitergeht; einkaufen, kochen, essen – am liebsten würde man gar nicht daran denken. Was soll das alles noch, es hat eh keinen Sinn. – So begreiflich solch eine Reaktion auch ist und sosehr man sich auch vergraben möchte, es *muss* irgendwann weitergehen. Die Realität holt einen ein, und es hat auf die Dauer keinen Sinn, sich dagegen zu wehren oder gar »abzutauchen« in Depressionen oder in Betäubung. All dies hat nur aufschiebende, keine aufhebende Wirkung. Da ist es besser, sich zu stellen, der Wirklichkeit in die Augen zu blicken, die Herausforderung anzunehmen, die Midlifecrisis quasi »berufsbegleitend«, sprich mitten in den Anforderungen des Alltags, zu erleben.

Es gibt in dieser Periode einen Trost, dessen Wahrheit sich aber erst später nach und nach herausstellen wird und auf den man zum jetzigen Zeitpunkt nur hoffen und vertrauen kann. Es ist der Trost, dass es die Arche gibt, d.h., dass nichts, was wirklich lebensnotwendig ist, untergegangen ist und dass immer genug da ist, um (gerade noch) zu überleben. Das ist keine Erfindung des Geschichtenerzählers, sondern es ist durchlebte *Erfahrung*, dass einem das, was wirklich »not-wendig« ist, erhalten bleibt. Es ist gut, sich auch einmal anzuschauen, was und wie viel man denn tatsächlich braucht und was und wie viel eigentlich nicht.

Zur Unterstützung

Einfach nur ein paar Gedanken als *Erste Hilfe*:

* Solch ein Umbruch ist keine Krankheit, sondern eine wichtige Übergangsperiode. Es ist völlig normal, so etwas zu erleben – Ihnen kann man gratulieren, dass Sie es bewusst tun, andere lassen die Chance vorübergehen oder wollen gar nicht wahrhaben, was in ihrem Leben los ist.
* »Übergang« beinhaltet immer Abschied von etwas Altem und Hingehen zu etwas Neuem, was man so noch nicht kennt.
* Das Ganze dauert nicht ewig, aber fast immer etwas länger, als man selber meint.
* Wenn die innere Ordnung fehlt, ist die äußere umso

wichtiger. Also nicht länger schlafen, sich die Decke über den Kopf ziehen und so tun, als sei man nicht da. Besser ist: festen Rhythmus bewahren, Mahlzeiten einhalten, vielleicht ein bisschen mehr Sport …

- »Wie hoch ein Berg wirklich ist, kann man erst einschätzen, wenn man ihn erstiegen hat« (Dag Hammarskjöld, ehem. Generalsekretär der UN).

- »Schaun-mer-mal« (Franz Beckenbauer, bayrischer Philosoph)

Jetzt, in dem Moment, wo Sie diese Zeilen lesen, hat die Veränderung, der Wandel, bereits eingesetzt. Es mag trösten oder nicht, aber Sie stecken schon mittendrin im Geschehen. Der Abschied von dem, was vorher war, ist schon im Gange.

Wenn du deine Seele bedrängst,
lähmst du sie.
Wenn du zulässt, was sie jetzt braucht,
dann schenkt sie dir
von innen heraus (...) Verwandlung.

Martin Klumpp

Schritt für Schritt, Tag für Tag, Stunde um Stunde

Wo ist mein Navi?

Nichts ist mehr dasselbe wie vorher, alles ist anders geworden. Das gewohnte Navigationssystem, die innere Orientierung, anhand derer ich meine Entscheidungen fällte, ist völlig durcheinander. Oftmals bin ich gar nicht bei der Sache, manchmal regelrecht verwirrt. Der Blick in die Zukunft reicht gleichsam nur noch bis zur nächsten Ecke, und ich muss bis zu dieser Ecke gehen, um dann erst wieder bis zur nächsten schauen zu können usw. Keine Weitsicht, keine klaren Perspektiven, stattdessen höchstens ab und zu eine kleine Lampe im Dunkeln, die nicht weiter leuchtet als bis zum nächsten kleinen Schritt. Es gibt Menschen, die sich an der Vergangenheit orientieren, die in ihrem Leben ständig zurückschauen, um sich darüber klar zu werden, was in der Gegenwart geschehen soll. Ebenso gibt es Menschen, die in ihrem konkreten Erleben eher zukunftsorientiert sind; sie können sich begeistern für Ideen und Utopien und aus der Vorwegnahme des möglichen Geschehens ihre Orientierung für die Gegenwart finden. In einem Moment wie jetzt, mitten im

Leben, ist man jedoch voll und ganz auf das »Hier und Jetzt« beschränkt. Die Bilder aus der Vergangenheit oder die einer möglichen Zukunft haben für den Augenblick ihre leitende Kraft eingebüßt, manchmal sind alle Bilder und Orientierungen sogar auf Nimmerwiedersehen verschwunden. Zwar kann man sich im »normalen« Leben schon einmal übungsweise auf das Hier und Jetzt der Gegenwart konzentrieren, aber in der Zeit des Übergangs geschieht dies unfreiwillig und unausweichlich, man fühlt sich »zurückgeworfen« auf diesen Moment, auf die irgendwie grausige Gegenwart.

Fast alle Menschen reagieren darauf mit dem, was in der Psychologie als »Regression« bezeichnet wird, d.h., sie verhalten sich so, wie sie sich in einer früheren (meist kindlichen) Lebensphase verhalten haben. Die Mittel, mit denen man kritische Situationen normalerweise bewältigt, greifen plötzlich nicht mehr und so greift man zurück auf das, was einem in früheren Phasen in schwierigen Situationen weitergeholfen hat. Die einen klagen und weinen, werden melancholisch-depressiv oder sie »beißen die Zähne zusammen«, andere reagieren zwanghaft oder sie tun einfach so, als sei nichts geschehen. Auf jeden Fall sind sie innerlich zurückgezogen und schwer zugänglich, auch für sich selber. Die innere Orientierung ist zusammengebrochen. Man weiß sich einfach keinen Rat mehr, man weiß nicht, wie man sich verhalten soll, geschweige denn, wie man diese oder jene Entscheidung fällen soll, oder man fällt sie seelenlos-mechanisch in scheinbarer Ruhe oder in innerer Abwesenheit. Dies geschieht nicht selten zu einem Zeitpunkt, an dem gerade besonders viele Fragen auf einen hereinbrechen, wichtige Fragen, bei denen es um die Weichenstellung für die Zukunft geht. Wenn man seine Orientierung verloren hat, dann ist es wichtig, erst einmal Zeit zu gewinnen und genau so viel zu entscheiden, wie zwingend notwendig ist, um am nächsten Tag weiterleben zu können. »Große« Fragen drängen sich zwar auf, aber Antworten müssen reifen, Entscheidungen nach hinten verschoben werden. Wenn die Fragestellung in etwa lautet: Was mache ich jetzt weiter mit meinem Leben?, oder: Wie soll ich denn ohne ihn oder sie oder ohne meine Arbeit oder was auch immer weiterleben?, oder: Welchen Sinn hat mein Leben noch?, dann ist es gut, diese Fragen erst einmal auf sich wirken zu lassen und es auszuhalten, dass sie eine Zeitlang, ein paar Monate vielleicht, unbeantwortet bleiben. Man braucht sie nicht gleich zu beantworten, man kann sie auch »mitnehmen«. Manchmal verändert sich die Fragestellung auch im Laufe der Zeit, sie vertieft sich oder sie wird ganz praktisch und drängend. So kann die Frage danach, wie man denn in der neuen Situation weiterleben soll, sich zu der Frage vertiefen, was denn das eigentliche Ziel oder der Inhalt meines Lebens ist. Sie kann aber auch praktisch dringlich werden, weil man ausziehen oder an einen anderen Ort wechseln muss.

Es ist nicht immer leicht, sich auf die Entscheidung des zwingend Notwendigen zu beschränken und damit auch Fragen offen zu lassen, die man lieber gleich beantwortet hätte. Viele Menschen schaffen lieber übereilt »klare Verhältnisse« und sind dann ihre Fragen »los«, brauchen sie nicht mit sich herumzuschleppen. Dennoch möchte ich Ihnen raten, jetzt keine wichtigen Entscheidungen zu fällen. Krisenzeit ist nicht die Zeit, endgültige oder länger währende Entscheidungen zu treffen. Besser ist es, Übergänge einzubauen, harte Entschlüsse erst einmal hinauszuschieben oder »abzufedern«, d.h. zu mildern oder so zu gestalten, dass man sie relativ einfach zurücknehmen kann. Ist es so schlimm, wenn man sich eingestehen muss, dass man sich jetzt nicht entscheiden kann? Später, wenn das Fahrwasser ruhiger, die Sicht klarer ist, kann man immer noch weiterreichende Entscheidungen treffen. Jetzt gilt es, Schritt für Schritt weiterzugehen und Tag für Tag, Stunde um Stunde zu leben und zu überleben; zu schauen, was jetzt geschehen muss, was in diesem Moment dran ist, wobei es sich ganz oft um scheinbar profane Dinge handelt wie die Zubereitung der Mahlzeit oder Wäschewaschen. Das sind Dinge, die dann einfach zu tun sind. Im Hintergrund bleibt es wichtig, aufmerksam zu sein für das, was man selbst empfindet – auch wenn es nicht in das Bild passt, das andere oder man selbst von einem haben. So kann man z.B. das Bild in sich tragen, man müsse diese Zeit doch eigentlich souverän und »tapfer« durchstehen, alles andere sei falsches Selbstmitleid. Das führt dann dazu, dass man die eigenen Ängste gar nicht mehr wahrnimmt oder sich der Entdeckung bislang ungekannter Aspekte der eigenen Persönlichkeit entzieht. Ähnlich ist es mit Erwartungen von außen. So erwartet man vielleicht von einem Pensionär, dass er fröhlich und zufrieden ist und endlich für alles Zeit hat – was aber womöglich gar nicht der Realität entspricht. Was auch immer es sei: Fühlen Sie, was Sie fühlen, und tun Sie das, was als Nächstes getan werden muss. Nicht mehr, nicht weniger – Sie werden sehen: Es reicht, um zu leben, für jetzt, für heute.

In solchen Zeiten neigt man natürlicherweise dazu, sich auf das zu fixieren, was nicht mehr da ist, oder auf das Problem, das sich jetzt stellt. Es ist wichtig, diese Fixierung immer wieder zu lösen, sich davon nicht einschnüren zu lassen, sondern Tag für Tag weiterzuschauen und von Minute zu Minute zu spüren: Ich lebe immer noch, ich bin da, ich kann leben, hier und jetzt. Lassen Sie sich von Ihrer bedrängenden Situation, von den tausendundeinerlei Dingen und Fragen, die demnächst, wie Sie vermuten, auf Sie zukommen werden, von den angstbesetzten Vorstellungen über die Zukunft und Ähnlichem nicht einschnüren, denn die Realität sieht meist ein klein wenig anders aus, als diese Vorstellungen und Befürchtungen sie im Voraus erscheinen lassen, und es reicht, wenn man sich dem, was *jetzt* dran ist, stellt. Angst ist tatsächlich ein schlechter Ratgeber, und es bringt nicht weiter, wenn man auf Eiern brütet, die noch gar nicht gelegt sind. Jetzt, in dieser krisenhaften Zeit, bildet sich etwas im Innern heran, was bislang noch wenig Wachstumschancen hatte. Sie werden, wenn Sie den Mut dazu haben, sich der Situation und allem, was in Ihnen umgeht, zu stellen, sehr bald neue, unbekannte Seiten in und an sich selbst wahrnehmen, manchmal erschreckende, aber auch erfreuliche: Gedanken, Gefühle, Fähigkeiten, von denen Sie vielleicht gar nicht mehr wussten, dass sie seit jeher in Ihnen waren oder die tatsächlich völlig neu sind. Haben Sie keine Angst, wenn Sie sich selbst manchmal nicht wiedererkennen – das ist in dieser Zeit völlig normal: *»Fühlen, was ich fühle«,* hier und jetzt, in diesem Moment – siehe Grundübung.

Der »große« und der »kleine« Mensch

Jeder Mensch hat verschieden gelagerte Anteile in seinem Wesen, stark entwickelte und weniger stark entwickelte. So hat jeder Mensch gleichsam einen »großen« und einen

»kleinen« Menschen in sich. Es ist wichtig, dass *beide* zum Zuge kommen, dass der »große« Mensch in mir, der Erwachsene, der Vernünftige, der Begabte, den »kleinen« Menschen, der auch Teil von mir ist, nicht unterdrückt und völlig beherrscht, sondern dass beide Teile sich gegenseitig wahrnehmen, »anhören« und ergänzen. Der große Mensch in mir hat starke Züge, er überblickt alles und hält die Zügel in der Hand; er braucht im Grunde nichts und niemanden, ist souverän und begeisterungsfähig, er schreitet voran, ist stark, fällt nie um, er gibt nie auf. Der kleine Mensch in mir ist wie ein Kind, das ständig etwas will, es kann quengeln und unruhig sein, es reagiert oft überhaupt nicht logisch – aber es ist auch sehr lieb, einfühlsam, es kann spielen und dabei sich selbst und die Welt drum herum ganz vergessen. Der kleine Mensch in mir ist oft schüchtern und ängstlich, er verlangt nach Geborgenheit und Zärtlichkeit, er will beachtet und behütet werden, er kann empfangen. Wenn der große Mensch in mir den kleinen Menschen beherrscht und an die Wand drückt, dann werde ich nach außen hin sehr stark, dann kann mich augenscheinlich nichts erschüttern. Aber ich werde auch unempfindsam, hart, ich höre nicht mehr richtig zu, bin verbohrt und irgendwie nicht recht glücklich, auch wenn ich das gar nicht wahrhaben will oder logisch nicht erschließen kann: »Eigentlich müsste ich doch glücklich sein!« Nur mein trauriger Blick oder die ständige Müdigkeit und dieses merkwürdige Gefühl der Ratlosigkeit verraten mich. Irgendwo in einem versteckten Winkel in mir wimmert das Kind, der kleine Mensch, und bettelt um sein Leben. Durch das Auftrumpfen des großen Menschen wird er noch kleiner, als er sowieso schon ist, und er droht, gänzlich zu verschwinden. Das ist tatsächlich eine lebensbedrohliche Situation, denn dort droht ein Teil von mir wegzusterben, ohne den ich nie der sein kann, der ich wirklich bin!

Es gibt Menschen, die den kleinen Menschen in sich so eingeschlossen haben, dass er für sie selbst schon nicht mehr erreichbar ist. Sie leben nie ganz, sind vielleicht überlegen, aber früher oder später werden sie mürrisch und bitter oder depressiv. Es rächt sich über kurz oder lang, wenn der kleine Mensch in mir nicht zum Leben kommt.

Wenn umgekehrt der kleine Mensch den großen Menschen beherrscht und an den Rand drängt, dann zeigt sich, dass er in seiner augenscheinlichen Kleinheit sehr wohl schreien und tyrannisieren kann, dass er gleichsam mit der Macht der Ohnmacht alles und jeden beherrscht. Er sieht immer nur sich selbst und sein kleines, ständig aufbegehrendes Ego, rückt seine völlig individualisierten Gefühle in den Mittelpunkt, ist sprunghaft und launisch – er herrscht gleichsam »von unten«, produziert sich in Seminaren und Gesprächskreisen, ist immer »auf der Suche« und vor allem für sich selbst interessant.

Stehen beide, der große und der kleine Mensch in mir, miteinander in einem gleichgewichtigen Verhältnis, dann ist es der kleine Mensch, der mich mild macht, der die Empfindsamkeit und die Zärtlichkeit in mir offen hält, der meine Allmachtsphantasien relativiert, der mich ab und zu auch einmal »nutzlose« Dinge tun und einfach spielen lässt, der mich zugänglich und liebenswert macht. Der große Mensch behütet und schützt ihn, er achtet ihn und hört ihm zu, aber er gebietet ihm auch Einhalt, wenn er sich aufspielt. Im guten Gleichgewicht macht der große Mensch mich fähig, etwas aus meinem Leben zu machen, Entscheidungen zu fällen, mich durchzusetzen, ohne Scherben zu hinterlassen, und auch bei Gegenwind weiterzugehen.

Man kann dieses Gleichgewicht zwischen dem großen und dem kleinen Menschen nicht einfach planen und herstellen. In der Zeit der Midlifecrisis jedenfalls ist es durcheinandergerüttelt, erst muss sich alles, was aufgewirbelt wurde, wieder ein wenig setzen und zur Klarheit kommen. So kann es geschehen, dass man im einen Moment unter dem Vorzeichen des kleinen Menschen reagiert, untröstlich lamentiert und dass dann von heute auf morgen ganz abrupt die Stimmung umschlägt und man verhärtet und für andere (nicht selten auch, so paradox es sein mag, für sich selbst) unzugänglich ist und »alles im Griff hat«. Das innere Gleichgewicht kann nur auf Dauer wieder wachsen. Es wächst, indem man genau auf das achtet, was man fühlt, und sich dabei in kleinen Schritten, von Tag zu Tag, Stunde um Stunde fortbewegt, nicht mehr übersehend als das, was jetzt in diesem Moment zum Leben zwingend notwendig ist. Es ist keine Schande, wenn man z.B. mitten in einem Gespräch oder bei etwas, was man gerade tut, sich in aller Stille eine kleine »Aus-Zeit« nimmt, um nachzuspüren und sich zu fragen: Was empfinde ich jetzt wirklich? Was ist von mir, was von dem anderen, mit dem ich gerade zu tun habe? Kommt das, was ich fühle, aus der momentanen Situation oder schwingt darin auch etwas mit von früheren Situationen, wodurch meine Reaktion verzerrt wird? Mit der Zeit wird dieses kurze Innehalten und Nachspüren zur Gewohnheit, man kann schneller und klarer erkennen, was in einem umgeht. So lernt man sich selbst quasi von Grund auf neu kennen und findet nach und nach zu neuem Gleichgewicht. Das aber geht nicht schnell, es fordert Geduld und Einübung.

Die Zeit, in der Sie sich jetzt befinden, bietet Ihnen – trotz aller widrigen Umstände – die Chance, sich auf die noch nicht geweckten Teile in sich selbst zu konzentrieren und damit im Endeffekt Ihr Leben zu intensivieren und voller und reicher zu machen. Sie haben sich diese Zeit nicht selbst ausgesucht, sie ist regelrecht über Sie hereingebrochen, und Sie hatten womöglich gar nicht das Bedürfnis, sich großartig weiterzuentwickeln. Aber wenn es jetzt schon einmal so ist, wie es ist, sollen nicht nur das Unglück und die Bedrohung, sondern auch die Chance einer solchen Situation ins Licht rücken. Manchmal ist es sogar so, dass man spüren kann, dass in diesem katastrophenhaften Geschehen, dem man ausgesetzt ist, etwas zum Durchbruch kommt, was sich innerlich bereits angemeldet hatte, was gleichsam nur auf eine »Gelegenheit«, d.h. eine Schwächung des bestehenden Systems, wartete, um sich durchzusetzen und einen notwendigen positiven (!) Entwicklungsschub zu bringen. Wenn Sie jetzt diese »Krisenarbeit« leisten, verhindern Sie zudem mögliche Krankheiten und psychische Störungen, mit denen Menschen reagieren, die sich innerlich nicht mehr bewegen, die erstarrt sind und die nicht mehr imstande sind, sich wirklich neu zu entwickeln.

Das Lebensmotto für diese Krisenzeit – Schritt für Schritt, Tag für Tag, Stunde um Stunde – ist im wahrsten Sinne des Wortes aus der Not geboren, aber wenn man es aufgreift und sich zu eigen macht, ist es ein Weg zur Erneuerung, der einen weiterbringt, als man vor dem Geschehen je kommen konnte.

Zur Unterstützung

Nicht alles auf einmal

Der folgende Text stammt aus einem bekannten Buch von
Michael Ende: »Momo«[4]. Die kleine Momo begegnet dort
einem Straßenkehrer namens Beppo, und dessen Lebens-
philosophie illustriert haarfein, was mit dem besproche-
nen Lebensmotto für die Krisenzeit – Schritt für Schritt,
Tag für Tag, Stunde um Stunde – gemeint ist:

*Wenn Beppo so die Straßen kehrte, tat er es langsam, aber
stetig: Bei jedem Schritt einen Atemzug und bei jedem
Atemzug einen Besenstrich. Dazwischen blieb er manchmal ein Weilchen stehen und blickte nachdenklich vor sich
hin. Und dann ging es weiter – Schritt – Atemzug – Besenstrich.*

*Während er sich so dahinbewegte, vor sich die schmutzi-
ge Straße und hinter sich die saubere, kamen ihm oft große Gedanken. Aber es waren Gedanken ohne Worte, Gedanken, die sich so schwer mitteilen ließen wie ein
bestimmter Duft, an den man sich nur gerade eben noch
erinnert, oder wie eine Farbe, von der man geträumt hat.
Nach der Arbeit, wenn er bei Momo saß, erklärte er ihr
seine großen Gedanken. Und da sie auf ihre besondere Art
zuhörte, löste sich seine Zunge, und er fand die richtigen
Worte. »Siehst du, Momo«, sagte er dann zum Beispiel, »es
ist so: Manchmal hat man eine sehr lange Straße vor sich.
Man denkt, die ist so schrecklich lang; das kann man niemals schaffen, denkt man.« Er blickte eine Weile schwei-
gend vor sich hin, dann fuhr er fort: »Und dann fängt man
an, sich zu eilen. Und man eilt sich immer mehr. Jedes-
mal, wenn man aufblickt, sieht man, dass es gar nicht weniger wird, was noch vor einem liegt. Und man strengt*

sich noch mehr an, man kriegt es mit der Angst, und zum
Schluss ist man ganz außer Puste und kann nicht mehr.
Und die Straße liegt immer noch vor einem. So darf man
es nicht machen.«
Er dachte einige Zeit nach. Dann sprach er weiter: »Man
darf nie an die ganze Straße auf einmal denken, verstehst
du? Man muss nur an den nächsten Schritt denken, an den
nächsten Atemzug, an den nächsten Besenstrich. Und im-
mer wieder nur an den nächsten.«
Wieder hielt er inne und überlegte, ehe er hinzufügte:
»Dann macht es Freude; das ist wichtig, dann macht man
seine Sache gut. Und so soll es sein.« Und abermals nach
einer langen Pause fuhr er fort: »Auf einmal merkt man,
dass man Schritt für Schritt die ganze Straße gemacht hat.
Man hat gar nicht gemerkt wie, und man ist nicht außer
Puste.« Er nickte vor sich hin und sagte abschließend:
»Das ist wichtig.«

- »Man darf nie an die ganze Straße auf einmal denken,
  verstehst du? Man muss nur an den nächsten Schritt denken ...« – Können Sie den nächsten Schritt, der jetzt in
  Ihrem Leben vor Ihnen liegt, erkennen und benennen?
- Beppo fand in Momo jemanden, der ihm so zuhören
  konnte, dass er die richtigen Worte fand. Kennen Sie in
  Ihrem Kreis auch jemanden, mit dem Sie vielleicht einmal so über Ihre Situation reden können?
- Sind Sie sich selbst manchmal auch solch ein guter Zuhörer, indem Sie dem offen nachspüren, was in Ihnen
  ist?
- Können Sie Dinge benennen, die Ihnen in Ihrer jetzigen Situation Mut machen?

Lebensgründe

Ich möchte Ihnen in diesem Zusammenhang eine kurze Übung vorschlagen, die Ihnen jetzt und sicher auch später noch weiterhelfen kann:
Schreiben Sie sieben Gründe auf, warum es sich lohnt zu leben!
Die Zahl sieben ist mehr oder weniger willkürlich gewählt, hat sich aber in der Praxis bewährt, und es ist wichtig, sich nicht zu schnell zu begnügen und die Überlegungen einzustellen. Also versuchen Sie es einfach einmal, bis Sie sieben Gründe gefunden haben. Falls es mehr werden sollten – Glückwunsch! –, dann versuchen Sie sie zu ordnen und zusammenzufassen oder die sieben wichtigsten herauszugreifen.
Ich nenne Ihnen hier einfach mal einige Gebiete, auf denen derartige Gründe womöglich zu finden sind:

- Haben oder hatten Sie etwas, wofür Sie sich einsetzen bzw. eingesetzt haben?
- Gibt es Personen in Ihrem Umkreis, die mit Ihnen rechnen?
- Was könnte/sollte/müsste sich in der jetzigen Situation bessern?
- Worin bestehen Ihre Fähigkeiten, wo haben Sie (ungenutzte?) Talente?
- Für wen oder was möchten Sie in der Zukunft etwas bedeuten?

Immer erst am Tag danach
weiß man, dass man nichts mehr
fragen noch sagen kann.

Eigentlich wollte ich doch noch was anderes

Vergangen

Oft geht der Blick zurück in die Zeit, in der die eigene Welt noch »in Ordnung« war. Nicht jeder schaut gern in die Vergangenheit zurück, zumal bei einer Scheidung oder bei einer plötzlichen Entlassung oder allgemein bei Momenten, in denen man große Kränkungen erfahren hat. Da dauert es oft lange Monate, bis man den Blick auf das Zurückliegende richten will – zu groß sind die Verletzungen, die Wunden müssen sich erst ein wenig schließen. Anders ist es, wenn ein lieber Mensch gestorben ist oder man Menschen und Dingen hinterhertrauert, die einem wichtig waren. Dann ist man eher geneigt, an der Vergangenheit festzuhalten, sich manchmal regelrecht darin festzubeißen, um für ein paar Momente das Gefühl zu haben, als sei nichts geschehen, als wäre alles noch beim Alten. Dies sind aber im Grunde nur unterschiedliche Einstiege und Vorzeichen, um sich mit dem auseinanderzusetzen, was war und wie es war, und vor allem mit dem, was noch hätte sein können. Ob der Blick zurück mit Kummer und Traurigkeit einhergeht oder eher mit Wut und Aggression verbunden ist, in beiden Fällen muss man im Laufe der Zeit zu einer realistischen Einschätzung und Würdigung finden und diese Vergangenheit als vergangenen – nicht verlorenen – Teil des Lebens integrieren. Das ist aber erst dann möglich, wenn man sich nach und nach verabschieden und loslassen kann.

Wenn man tatsächlich den Mut aufbringt, sich diese Vergangenheit einmal in Ruhe und ohne Übertreibung – positiv wie negativ – anzuschauen, dann wird man früher oder später auf zwei Dinge stoßen: zum einen auf Momente, in denen man selbst oder die andere Partei irgendwie schuldig geworden ist; zum anderen auf das, was vielleicht noch hätte sein können oder was gewesen wäre, wenn es anders gelaufen wäre, m.a.W. auf »ungelebtes« Leben. Dieses richtet sich auf die Zukunft, auf das, was man als »auf sich zukommend« – so die wörtliche Bedeutung des Wortes Zukunft – erwartete. Darauf werde ich als Erstes eingehen. Danach werde ich die Frage nach Schuld und Schuldgefühlen thematisieren, die sich direkt auf das Vergangene richtet. Zuletzt möchte ich ein für viele sehr bedrängendes Problem ansprechen, die »besonderen Zeiten«. Besondere Zeiten sind z.B. bestimmte Feiertage im Jahr wie Weihnachten, Silvester, Ostern oder in manchen Gegenden die Karnevalstage (ich lebe in Köln), aber auch persönliche Jahrestage wie Geburtstag, Hochzeit oder der Tag, an dem sich der erlittene Verlust jährt.

Ungelebtes Leben

Zunächst aber zum Abbruch des Lebenstraumes, zu dem, was man eigentlich noch vorhatte oder lieber anders gewollt hätte, denn bei einer Lebenskrise muss man sich nicht nur von Vergangenem verabschieden, sondern auch von Zukünftigem, nämlich von all den Lebensentwürfen, die man sich gefertigt hatte, von den Träumen und Hoffnungen, von enttäuschten Erwartungen. Manchem ist das sehr bewusst, bei anderen äußert es sich eher in einem vagen Gefühl des Enttäuschtseins. Es ist ein Abschied von der Zukunft, d.h. von *dieser* Zukunft, wie man sie sich vorgestellt hatte. Es ist gut, diese Vorstellung so genau wie möglich zu umreißen und auf diesem Wege zu betrauern: Trauer um das, was war und jetzt nicht mehr ist; um das, was noch hätte sein können; um das, was anders hätte sein sollen. Man kann geneigt sein, dies alles als bloße Phantasie abzutun, in dem Sinne, dass man mit den Konjuktiv-Formen »hätte« und »würde« die Welt auf den Kopf stellt. Hier aber geht es um etwas ganz Realistisches, nämlich um Träume und Erwartungen, die in jeder Beziehung eine wichtige Rolle spielen, die ja bereits da waren und die nun unerfüllt bleiben, von denen man sich – ganz real – verabschieden muss. Wenn man sich von seinen Träumen und Erwartungen, die in indirekter Verbindung mit der vergangenen Situation stehen, nicht verabschiedet, dann entsteht nicht selten ein unterschwelliges Gekränktsein, dessen Ursprung man nach einiger Zeit nicht mehr kennt.

Es gibt viele Menschen, die mit solchen gleichsam »hausgemachten« Enttäuschungen belastet sind, weil sie sich nicht verabschiedet haben von dem, was vielleicht hätte sein können, was aber so nicht mehr möglich ist. Das gilt beispielsweise auch für berufliche Ziele, die man erreichen wollte, aber nicht erreicht hat. Der bewusste Abschied hingegen ermöglicht es, Impulse zu neuem Leben zu finden, ein Verlangen nach »mehr«, nach »echtem« Leben. Diese Energien müssen freigesetzt werden. Wenn sie sich nach innen kehren, wird man bitter und zynisch, da die Realität nie dem Lebenstraum entsprechen kann. Was ein Mensch als ein tiefes Verlangen in seinem Herzen trägt, wird er immer wieder in je anderer Form zu verwirklichen trachten. Diese durch die Verabschiedung aus dem jetzt vergangenen Kontext freigewordenen Impulse sind also wichtig für den Neuaufbau. Oft wird man nach einiger Zeit erstaunt feststellen, wie viel Energie man in die vergangene Lebens- oder Arbeitssituation und die zu Ende gebrachten Beziehungen gesteckt hatte. Es dauert einige Zeit, nicht selten Jahre, bis man seine Energien »wiederbekommt«, d.h., bis sie in einem neuen Kontext (auch der muss sich erst einmal herausbilden) einen Platz gefunden haben. Meistens kann man nach ein bis zwei Jahren schon eine positive Entwicklung absehen, aber es dauert oft vier oder fünf, manchmal bis zu sieben Jahren, bis man wieder das Gefühl hat, zugleich anders und »neu«, aber auch wieder »ganz der Alte«, ganz bei sich selbst zu sein.

Dass man anfangs die Neigung hat, die vergangene Situation zu idealisieren oder andersherum die zerbrochene Wirklichkeit abzuwerten und zu Recht oder zu Unrecht mit Wut zu reagieren, ist völlig normal, es ist zunächst auch wirklich »in Ordnung«, denn Idealisierung und Abwertung haben eine gewisse Schutzfunktion: Sie beschützen uns vor der jetzt noch nicht erträglichen vollen Realität. Ich halte es für sehr legitim, sich diesen Schutz eine Zeitlang zu erhalten. Erst wenn man in der Idealisierung bzw. Abwertung verharrt und erstarrt, ist Hilfe angesagt. Menschen in einer (Midlife-)Krise brauchen Schutz, sie wollen behütet sein, und sie müssen das, was so extrem verletzbar in ihnen ist, vor der Außenwelt (und oft auch vor sich selbst und den eigenen Gedanken) schützen. Man ist in Hinsicht auf die Vergangenheit besonders empfindlich, oft regelrecht intolerant gegenüber anderen Darstellungen. Seismographisch reagiert man auf die geringste Störung des instabilen Gleichgewichts.

Zunächst aber ist es gut, sich ein wenig mehr darüber klar zu werden, was einem jetzt im Vergleich zu früher fehlt, was man noch erträumt und erwartet hatte und was jetzt in dieser Form nie mehr Wirklichkeit werden kann. Nehmen Sie sich ruhig die Zeit, einmal gezielt darüber nachzudenken und all das, was Ihnen dann in den Sinn kommt, aufzuschreiben und zu betrachten. Vielleicht ist es der Mensch, der fehlt, der einen anblickte, wenn man nach Hause kam, mit dem man reden und lachen konnte, mit dem man sich stritt, der ein einfühlsamer und zärtlicher Partner war. Vielleicht ist es die Anerkennung, die man im Beruf hatte: Man war jemand und fühlt sich jetzt »nichts mehr«; oder das Gefühl, etwas zu schaffen, finanziellen Spielraum zu haben, normale kollegiale Kontakte pflegen zu können. Vielleicht ist es die Familie, die man hatte und die auch dann, wenn es schlecht ging, immer noch besser war als dieses Nichts, das jetzt herrscht; oder die Kinder und das »normale« Leben, das jetzt zerbrochen ist. Vielleicht ist es das Bild, das man von sich selbst hatte, dass einem so etwas nie passieren könne, dass man sich alles anders vorgestellt hatte usw. Scheuen Sie sich nicht, alles so genau und detailliert wie möglich beim Namen zu nennen. Eine Anleitung für eine Abschiedsübung finden Sie im Übungsteil dieses Kapitels.

Seien Sie bei all dem sicher, dass nichts, was wesentlich im Innern zu Ihnen gehört, verloren geht. Denken Sie an Noah und seine Arche: Es wird in einer anderen Gestalt, in anderen Zusammenhängen, anderen Konstellationen erneut hervortreten. Klagen Sie ruhig über das, was nicht mehr möglich ist und was schön gewesen wäre, aber horchen Sie Ihren Wünschen und Verlangen weiter nach, bis Sie sich klarer darüber werden, welcher Impuls dahintersteckt und in welche Richtung er geht. Er wird sich vielleicht in der Zukunft neue Bahnen suchen und auf eine jetzt noch nicht denkbare Art und Weise verwirklichen.

Schuldgefühle

Wenn man sich von der erhofften Zukunft ein wenig losgemacht hat, kann auch der Blick auf die erlebte Vergangenheit wieder ein wenig freier werden. Gerade an Wendepunkten im Leben stellt sich die Frage nach der Schuld früher oder später wie von selbst. Dabei geht es nicht nur um das, was die andere Seite getan oder gerade nicht getan hat, sondern auch um die eigenen Anteile in diesem Geschehen. Nicht selten stehen eigene Schuldgefühle oder Schuldzuweisungen an andere sogar von Anfang an im Mittelpunkt. Solange Wut und Schmerz dabei noch die Überhand haben, ist es sehr schwer, die *eigenen* Anteile am Geschehen zu betrachten und daraus zu lernen. In der Regel geht das etwas besser, wenn die ersten Turbulenzen vorbei sind und man ein wenig Ruhe hat, um über das Vergangene nachzudenken. Das erste und wichtigste im Umgang mit Schuldgefühlen ist nach meiner Erfahrung, dass man sie ernst nimmt, und zwar zunächst einmal unabhängig von ihrem (verstandesmäßig bestimmten) »Realitätsgehalt«, also einfach als Gefühl. Das bedeutet zum einen, dass man darauf achtet, wenn solche Gefühle auftauchen, dass man sie sich selbst gegenüber auch zugibt und so klar wie möglich umschreibt. Zum andern heißt das, dass man Schuldgefühle nicht von vornherein als unsinnig oder übertrieben vom Tisch fegt oder sie »wegrelativiert«, indem man auf Begleitumstände oder irgendwelche »Ent-Schuldigungen« weist. Erst wenn man vorhandene Schuldgefühle ernst nimmt, kann man sie angemessen einordnen und darin dann unterscheiden. Letzteres ist der zweite Schritt: dass man genau hinschaut und unterscheidet, ob es sich um ein mehr oder weniger »anonymes«, d.h. nicht an konkreten Gegebenheiten festzumachendes Gefühl des Schuldigseins handelt oder um eine auch »tat-sächlich« vorhandene Schuld. Ein eher anonymes Schuldgefühl kann sehr viele Ursachen haben, und es ist sicherlich gut, dem einmal gründlich nachzugehen. Aber so gut wie nie geht es dabei um eine nachweisbare Schuld. Solche »anonymen« Schuldgefühle aber stehen einer positiven Entwicklung im Wege. Sie haben die (nicht bewusst gewählte) »Funktion«, am Vergangenen festzuhalten, nicht wirklich loslassen zu müssen und einen Neubeginn zu wagen. Es geht nicht wirklich um Schuld, sondern um eine tiefsitzende Verweigerung oder Angst. Wenn man dies erkannt hat, sollte man sich von solchen »Schuld«-Gefühlen in aller Ruhe verabschieden. Was aber ist mit dem, was bei einer realistischen Einschätzung der Schuld übrigbleibt, mit dem, wofür man keine rechte Erklärung, geschweige denn eine Entschuldigung hat? Es bleibt etwas übrig, ein »Rest des Unentschuldbaren«[5]. Hier ist dann der dritte Schritt im Umgang mit Schuld zu setzen, der darin besteht, dass man die vorhandene Schuld anerkennt und in irgendeiner Form auch bekennt. Solange die betroffenen Personen noch leben, kann man sich mit ihnen in Verbindung setzen, man kann schriftlich oder mündlich um Verzeihung bitten für das *erkannte und benannte* Unrecht oder den Schaden, den man angerichtet hat. Wichtig ist, dass man auch sich selbst dabei nicht *ver*urteilt, sondern für das, was geschehen ist, geradesteht, wissend, dass es nichts gibt, was in letzter Instanz nicht zu vergeben wäre. Das gilt auch, wenn die Schuld einem Verstorbenen gegenüber besteht: Es kann niemals Sinn der Sache sein, weiteres Leben zu blockieren und Leid zu mehren. Es geht darum, vorhandenes Leid anzuerkennen und zu lindern und neues Leid zu verhindern. Eine Wiedergutmachung – der vierte Schritt – besteht einerseits, soweit das möglich ist, in der Linderung des angerichteten Leids, andererseits im Lernen und in der Bewährung, d.h. in der Bereitschaft, es künftig anders zu machen, und in einer tatsächlichen Änderung des Verhaltens. Mit anderen Worten: Die Wiedergutmachung besteht – augenscheinlich paradox – darin, dass man durch die gemachten Erfahrungen, die negativ waren, positiv weiterwächst.

Wenn man mit einem Menschen in Beziehung steht, ist es nahezu unvermeidlich, dass man aneinander schuldig wird. Dies gilt zumal in engen Partnerschaftsbeziehungen. Ich will keine Schuld vertuschen, aber vielleicht ist es gut, sie gerade in besonders nahen Beziehungen mit einem milden Blick zu betrachten. Gerade wenn man sich nahesteht, bleibt man sich fast immer auch irgendetwas schuldig. Ich gehe noch einen Schritt weiter: Es gibt keine wirkliche gegenseitige Beziehung, in der man nicht auch schuldig wird. Das Fehlen eines solchen Schuldbewusstseins könnte sogar auf mangelnde Achtsamkeit in der Beziehung hinweisen oder auf einen in unserer Zeit vielfach vorhandenen Unschuldswahn. Ganz entscheidend ist, dass man weder sich selbst noch den anderen darin verurteilt, sondern offen und in Ruhe die vorhandene Schuld erkennt und anerkennt und daran lernt und wächst.

Besondere Zeiten

Ein ganz besonderes Problem im Erleben des Abbaus in einer Midlifecrisis sind die »besonderen Zeiten« – Geburts- und Jahrestage sowie Festtage wie Weihnachten, Silvester und Neujahr und Ähnliches. An diesen Tagen wird die Erinnerung des Vergangenen und der nicht-gelebten Zukunft oft dramatisch aktuell. Ich möchte Sie ermutigen, sich solchen Tagen zu stellen, sie nicht »irgendwie zu überleben«, sondern sie ganz bewusst zu begehen und zu »er-*leben*«. Dazu möchte ich Ihnen zwei Beispiele erzählen. Das erste handelt von einer jungen Frau, die wenige Wochen vor ihrer Hochzeit ihren Mann verlor; das zweite von einem Mann, der nach der Trennung von seiner Familie zum ersten Mal Weihnachten alleine dasteht. Wählen Sie einfach das, was Ihnen in Ihrer Situation am nächsten kommt.

Sie war schon einige Zeit mit ihrem Freund zusammen, sie wollten in wenigen Wochen heiraten. Die Einladungen zur Hochzeit waren bereits zum Drucker gegeben, als ihr Freund bei einem Verkehrsunfall ums Lebens kam. In meiner Ansprache bei der Trauerfeier hatte ich u. a. gesagt, dass eine Verbindung zwischen Menschen nicht durch einen formellen Akt zustande kommt, sondern dass dieser Akt nur bekräftigt und kundtut, was bereits da ist. Sie seien in diesem Sinne durchaus bereits »verheiratet« gewesen.

Es kam, was unvermeidlich war: der Tag, an dem die Hochzeit hätte stattfinden sollen. An diesem Tag, es war gerade mal zwei Wochen nach dem Begräbnis, ist sie mit einigen Freundinnen und Freunden zum Grab ihres Partners gegangen. Sie hat den Blumenstrauß, den ihre Freundinnen ihr als eine Art Brautstrauß geschenkt hatten, in eine Vase auf das Grab gestellt. Gemeinsam haben sie am Grab gestanden, geweint und »irgendwie gebetet«, wie sie sich ausdrückte. Sie haben sich an ihn erinnert und schließlich manchmal sogar in der Erinnerung ein wenig gelacht. Danach sind sie gemeinsam essen gegangen. So haben sie diesen Tag begangen, sie haben ihn gefeiert und zu einem ganz besonderen Feiertag gemacht.

Später hat sie mir erzählt, wie viel Angst sie vor diesem Tag gehabt hat. Sie hatte das Gefühl, ihn nicht überleben zu können und eigentlich auch gar nicht überleben zu wollen. Doch hat sie in all dem gespürt, dass das Leben in ihr stärker war als das Verlangen nach dem Tod. Sie hat erfahren, dass ihre Liebe zu ihrem Mann über die Grenzen der sichtbaren Welt hinausgeht, dass es – wie auch immer man sich das vorstellen mag – etwas gibt, was bleibt und nicht untergeht.

Sie hat den Mut gehabt, sich der Situation zu stellen, und sie hat eine Erfahrung gemacht, die für ihr weiteres Leben prägend ist. Auf diese Art und Weise hat sie innerlich einen gewaltigen Fortschritt gemacht, der es ihr ermöglichte, sich von ihrem Partner nach und nach zu verabschieden, ihn Schritt für Schritt loszulassen, ziehen zu lassen und darin gleichzeitig eine Verbindung ganz anderer Art aufzunehmen, in der nichts verloren geht, was wirklich Liebe war und ist.

Das zweite Beispiel: Er lebte nach der Trennung von seiner Frau und damit auch von seinen beiden Kindern seit einem halben Jahr allein. Weihnachten stand vor der Tür, und er stand zum ersten Mal in seinem Leben vor der Situation, dass er an Heiligabend allein sein würde. Freunde oder Bekannte anrufen und sich »Asyl« verschaffen wollte er nicht, Angebote für diese Tage hatte er etwas stolz und störrisch abgelehnt, er fürchtete sich vor »Mitleidsaktionen«, bei denen er sich, so gut sie auch gemeint waren, irgendwie zweitrangig vorkam. So stand er denn allein vor dem Fest, fühlte sich unendlich einsam und traurig, hatte Mitleid mit sich selbst und seiner Situation, schimpfte auf seine Frau, die ihm das alles eingebrockt hatte, beschloss aber dann, nicht in Wut und Traurigkeit versinken zu wollen, sondern Heiligabend und den ersten Weihnachtstag tatsächlich als Festtag zu begehen. Darüber nachdenkend, wie es denn in den Jahren zuvor immer war, sah er auch, wie diese Tage bisher immer mit vielen äußeren Verpflichtungen angefüllt waren, manchmal regelrecht in Stress ausgeartet waren und dass vieles von dem, was Weihnachten schön machte, einfach nur das Gefühl war, nicht ganz ungeborgen und irgendwo zu Hause zu sein. Zum ersten Mal im Leben hatte er das Gefühl, jetzt wirklich Weihnachten zu feiern, einem winzig kleinen und verletzbaren Neubeginn Gestalt geben zu können, von dem er nur hoffen konnte, dass er trotz aller Widerstände wachsen und gedeihen würde. Er entschloss sich dazu, an Heiligabend etwas besonders Gutes für sich zu kochen und alleine bei Kerzenlicht und stimmungsvoller Musik zu essen. In seiner Wohnung hatte er einen Weihnachtsbaum aufgestellt, den er nachmittags schmückte. Ein kleines Geschenk hatte er sich auch gemacht: Er hatte sich etwas gekauft, was er schon lange haben wollte, was er aber nie angeschafft hatte, weil er fand, dass seine Frau es für nutzlos und teuer halten würde. Später am Abend ging er, nicht gerade ein Kirchgänger, aber schaden kann es ja auch nicht, in die Christmette, um sich danach mit einem guten Glas Wein schlafen zu legen.

Am nächsten Morgen rief er einige Freunde und Bekannte an, um ihnen frohe Weihnachten zu wünschen, und traf dabei auch einige Verabredungen für Besuche in der kommenden Zeit. Gegen Mittag fuhr er weg und unternahm außerhalb seines Wohnortes einen langen Spaziergang. Am Abend dieses ersten Weihnachtstages saß er lange am Schreibtisch, Tagebuch und Briefe schreibend, ganz für sich und bei sich zu Hause. Später berichtete er mir, dass es ihm gutgetan habe, so ganz bewusst für sich zu sein und dieses Fest wirklich zu begehen. Es sei durchaus anstrengend gewesen, und er habe aufpassen müssen, nicht ab und zu in Trübsal und Melancholie zu versinken, aber schließlich sei ein Familienfest am Weihnachtstag auch schon mal sehr anstrengend.

Zwei Beispiele, wie Menschen es in ihrer offenkundigen Not und Trauer gewagt haben, sich der Situation zu stellen und sich nicht dem »Untergang« preiszugeben. Beide haben etwas Neues erfahren, was es ihnen am Ende erleichtert hat, sich vom Vergangenen zu verabschieden und die ersten Grundsteine für einen Neuaufbau zu legen, indem sie »bei sich« geblieben sind. Sie sind nicht verlorengegangen, sondern haben mit einiger Anstrengung erfahren, dass es auch in ihrer Situation genug gibt, von dem man leben kann.

Zur Unterstützung

Abschied nehmen

Eine kurze Anleitung, sich in der Tat ganz bewusst von Dingen zu verabschieden, die dem Vergangenen angehören und die in dieser Form niemals wiederkehren werden.

Sie brauchen dazu zunächst etwa eine Stunde Zeit, einen Schreibblock und einen Stift. Sorgen Sie – wie immer bei derartigen Übungen – für eine angenehme Atmosphäre und dafür, dass Sie nicht gestört werden. Sie sind jetzt einmal für eine bestimmte Zeit nur für sich da und ganz bei sich. Vielleicht können Sie sich dies auch ausdrücklich erlauben, ohne daran zu denken, was Sie vielleicht sonst noch alles verrichten müssen. Es geht um einen wichtigen Schritt in Ihrem persönlichen Leben: Sie wollen sich verabschieden. Schreiben Sie auf maximal drei Blätter oben den Satz »Ich nehme heute Abschied von ...« und ergänzen Sie dann den Namen einer Person oder einen Gegenstand oder einen Gedanken/ein Gefühl, von dem Sie sich verabschieden wollen oder verabschieden müssen, z.B. »Ich nehme heute Abschied von dem Haus, in dem ich so lange mit ... gelebt habe.« Spüren Sie nach, wie sich vielleicht manches in Ihnen dagegen sträubt, diesen Satz aufzuschreiben. Wenn Sie jetzt klar das Gefühl haben, dass es für Sie noch nicht so weit ist, Abschied zu nehmen, brechen Sie diese Übung ab und nehmen Sie sie sich für einen späteren Zeitpunkt vor in dem vollen Bewusstsein: Ich kann mich jetzt noch nicht von ... verabschieden. Wenn Sie so ein, zwei oder drei Blätter mit einem Abschiedssatz beschrieben haben, nehmen Sie sich jedes Blatt noch einmal vor und ergänzen Sie darauf, wovon Sie sich implizit verabschieden, d.h., was alles damit im direkten und indirekten Zusammenhang steht. Im Beispiel vom Haus, in dem ich so lange mit ... gelebt habe, könnte z.B. stehen: »Ich verabschiede mich vom Nachhauseweg nach der Arbeit; von dem Garten vor dem Haus; von den Kindern in der Straße; vom Geruch, der immer in der Wohnung hing; von meinem Zimmer, meinem Platz am Tisch« usw. Oder auch: »Ich verabschiede mich von dem Gefühl, eine intakte Familie zu haben; von der bisherigen Unversehrtheit meines Lebens; von dem Halt und dem Gefühl der Heimat, das mir dieses Haus gegeben hat.« Wichtig ist, dass Sie sich über alle Aspekte dieses Abschieds klar werden und dem nachspüren. Welcher Aspekt schmerzt am meisten? Wählen Sie genau diesen Aspekt heraus und versuchen Sie sich klarzumachen, dass dies jetzt so nicht mehr für Sie da ist.

Jetzt nehmen Sie zu jedem Blatt, das Sie beschrieben haben, ein zweites Blatt Papier und legen es neben das erste. Schreiben Sie auf dem zweiten Blatt auf, wo die einzelnen genannten Dinge jetzt ihren Platz haben oder vielleicht in Zukunft haben können. Dabei kann es auch sein, dass Sie zu dem Schluss kommen, dass manche Dinge jetzt (noch nicht? nie wieder?) einen Platz in ihrem Leben haben werden. In unserem Beispiel könnte auf dem zweiten Blatt vielleicht stehen: »Inzwischen habe ich eine kleine Wohnung. Sie gibt mir ein wenig Schutz und Geborgenheit. Ich komme nicht mehr regelmäßig zu festen Zeiten von der Arbeit nach Hause, aber ich habe mehr Zeit, mit Nachbarn und Bekannten zu reden. Ich bin viel mehr auf mich selbst angewiesen, aber ich fühle mich auch viel näher bei mir selbst. Für ... gibt es keinen Ersatz, und ich weiß nicht, was die Zukunft in dieser Hinsicht bringen wird. Ich will versuchen, mich langsam für neue Dinge zu öffnen.«

Sie wissen jetzt, wovon Sie sich verabschieden wollen, was dieser Abschied für Sie beinhaltet und was an die Stelle dessen gerückt ist. Der letzte Teil der Übung besteht nun darin, ein kleines Ritual für den Abschied zu bedenken und auszuführen, d.h. diesen Abschied auch tatsächlich in einer Geste zum Ausdruck zu bringen und darin zu vollziehen. Sie können – in unserem Beispiel – noch einmal ganz bewusst zu Ihrem früheren Haus gehen, mit dem festen Entschluss, Abschied zu nehmen. Sie gehen zum letzten Mal den Weg dorthin, atmen die Luft noch einmal ein, betrachten das Haus in allen Details und sagen laut oder leise: »Das war's, mach's gut, ade.« Es ist nicht kindisch, wenn Sie sich von einzelnen Dingen auch tatsächlich regelrecht verabschieden. Betrachten Sie den Weg und sagen Sie innerlich: Adieu, mein Weg, dich werde ich so nie mehr gehen usw. Diese Vorstellung mag Ihnen komisch erscheinen, aber Sie werden spüren, wie wohltuend und erleichternd es ist, wenn man solche Schritte ganz bewusst unternommen und »tat-sächlich« hinter sich gebracht hat. Andere Möglichkeiten sind z.B., dass man für eine Person, die nicht mehr erreichbar ist und die man innerlich loslassen muss, eine Kerze abbrennt. Natürlich hindert Sie auch niemand daran, dieser Person einen Brief zu schreiben und Ihre Abschiedsgedanken darin zum Ausdruck zu bringen. Sie können diesen Brief, falls er nicht zustellbar ist, in einer Schale verbrennen und die Asche an einem für Sie wichtigen Ort ausstreuen – der Phantasie sind da wenig Grenzen gesetzt. Wichtig ist nur, dass Sie etwas zum Ausdruck bringen, ein Ritual vollziehen. Rituale helfen, den Abschied tatsächlich zu vollziehen.

Zum Nachdenken

Ein paar Fragen, die Ihnen möglicherweise helfen, all dem, wovon Sie sich verabschieden müssen, ein wenig mehr auf die Spur zu kommen.

- Was hatte ich (hatten wir) konkret noch vor?
- Was hätte ich (hätten wir) anders machen können?
- Was habe ich mir noch gewünscht?
- Wer oder was hat mir geschadet?
- Wen habe ich verletzt?
- Was war mir vorher wichtig – was ist mir jetzt wichtig?
- Was ist in meinem bisherigen Leben von meinen positiven Erwartungen (noch?) nicht eingetroffen?
- Was habe ich bislang versäumt?
- Wie sieht meine Geschichte aus, wenn ich sie mit den Augen eines anderen sehe und beschreibe?
- Mit wem und was fühle ich mich jetzt verbunden?
- Was würde sich für mich konkret ändern, wenn ich wüsste, dass mein Leben in der nächsten Woche aufhört?
- Was soll ein anderer am Ende meines Lebens über mich sagen?

Ach ja, noch was zum Abschluss: Abschied muss man *nehmen*, man kann nicht dasitzen und warten, bis er sich quasi von selbst vollzieht.

Entscheidende Wandlung geschieht häufig
nicht durch angestrengte Aktivität, sondern
im Loslassen des eigenen Handelns.

Roland Kachler

Leere erfahren

Es mit sich aushalten

Wenn man so nach und nach von Menschen und Dingen, die einem lieb und vertraut waren, Abschied genommen hat und weiter Abschied nimmt, einfach weil es nicht anders ging und es doch irgendwie weitergehen muss, dann entsteht nicht gleich etwas Neues: Das, was war, ist nicht einfach zu ersetzen. Was zurückbleibt, ist Leere. Nur zu gerne möchte man annehmen, dass sich mit der Lösung aus dem Vergangenen parallel auch eine neue Gegenwart und eine neue Zukunft auftäten. Dem ist nicht so. Man befindet sich vielmehr in einem Hohlraum zwischen den Zeiten, zwischen Vergangenheit und einer möglichen Zukunft, und die Gegenwart ist nach wie vor von der Kahlheit des Verlustes geprägt.

Diese Leere ist vollkommen natürlich, sie zeugt davon, dass man sich wirklich vom Vergangenen losgemacht hat. Aber es ist nicht leicht, sie auch wirklich zuzulassen, ihr nicht auszuweichen oder sie voreilig mit nicht ausgereiften Dingen zu füllen. Ich kenne Menschen, die deshalb krank werden, Kopfschmerzen und Migräne bekommen oder noch Schlimmeres – im Grunde nur, weil sie diese Leere nicht aushalten können und unterschwellig »lieber« krank sind, als sich im luftleeren Raum zu befinden. Aber es ist wichtig und im Grunde unausweichlich, sich schrittchenweise und von Moment zu Moment dieser Leere zu stellen, sie zu erleben und sie auszuhalten. Denn was man jetzt erlebt, ist die (notwendige) Kehrseite einer neu entstehenden Freiheit, in der sich andere Perspektiven und bis dato völlig ungeahnte Möglichkeiten öffnen.

Diese Zwischenzeit ist eine Art Übergangsphase, in ihr kehrt sich der Blick von dem, was jetzt vergangen ist, hin zu neuen Möglichkeiten. Oft merkt man in der Midlife, dass man innerlich das eine oder den anderen längst schon hinter sich gelassen hat, auch wenn dies äußerlich noch gar nicht vollzogen ist. Doch gemach, gemach, denn wer sich ohne solch eine Übergangszeit direkt in Aktivitäten oder in neue Beziehungen stürzt, wird sehr schnell enttäuscht feststellen, dass man dadurch nur die Leere verlagert, sie in die Aktivitäten oder Beziehungen einschließt, bis diese nach viel Anstrengung, Hoffnung und Enttäuschung zerbrechen und ihre Inhaltslosigkeit offenbar wird. Damit ist nicht gesagt, dass man in dieser Zeit nichts tun oder keinerlei Beziehung eingehen sollte. Gemeint ist lediglich, dass man sich dabei vom Tempo der eigenen Seele leiten lassen und nichts überstürzen und schon gar nichts erzwingen sollte, auch wenn es durchaus für die Zukunft real und lebbar erscheint. Jetzt ist noch nicht die Zeit für langfristige oder gar endgültige Entscheidungen, sondern eher für zeitlich und inhaltlich überschaubare »Zwischenschritte«. Mehr denn je gilt es jetzt, im Einklang mit der inneren Entwicklung zu bleiben: Schritt für Schritt, Tag für Tag, Stunde um Stunde. Auch längerfristig angelegte Bindungen in Beziehungen oder Arbeit oder was auch immer kann man z.B. durch zeitlich begrenzte Absprachen flexibler machen: »Ich probier's mal *für ein paar Monate, für ein Jahr«,* immer wieder schauend und spürend, was sich ereignet, was man dabei erfährt, ob es in die richtige Richtung weiterführt. Es hilft nichts, wenn man z.b. den fehlenden Lebenspartner schnell durch einen anderen »ersetzen« will – erst muss man selbst innerlich wieder frei werden, es muss ein Freiraum, ein Platz geschaffen werden, den ein anderer einnehmen kann, so wie er/sie ist, ohne gewollt oder ungewollt an einem anderen gemessen zu werden, sei es mit »positivem« oder mit »negativem« Resultat. Es führt auch nicht weiter, sich ohne diesen Zwischenschritt der Leere von einer früher vorhandenen Abhängigkeit von Menschen oder Dingen in etwas Neues, eine neue Bindung, zu begeben, um sich aus der ersten einfacher lösen zu können – dann würde man die eine Abhängigkeit nur durch die andere ersetzen. Es fehlt dann ein Zwischenschritt, in dem die Selbstständigkeit und damit die Entscheidungsfreiheit wachsen. Leider stellen manche erst nach langer Zeit fest, dass sie diesen wesentlichen Zwischenschritt überschlagen haben. Dann fühlen sie sich plötzlich von innen heraus gedrängt, das eine oder andere nachzuholen. Manche versuchen auch in teilweise blinder Aktionswut Kontakte zu (re-) aktivieren oder alles Mögliche zu unternehmen oder sich an Arbeit zu berauschen, auch wenn es vielleicht nur Hobbyarbeit ist.

Noch einmal: Es ist nicht falsch, etwas zu unternehmen, Kontakte neu zu knüpfen oder vorhandene Kontakte neu zu beleben, aber das sollte langsam, Schritt für Schritt erfolgen, immer wieder innehaltend, sich umschauend und beisteuernd. Nicht nur die äußere Situation hat sich verändert, es ist vor allem die eigene Identität, die nicht mehr sicher ist. Man ist sich selbst nicht völlig fremd geworden, aber oft weiß man einfach noch nicht genau, was man denn will, was einem wert und teuer ist, wie man sich in Beziehungen verhalten soll. Man kann sich in solch einer Phase noch nicht festlegen, auch wenn es für einen selbst und schon gar für den anderen Teil gleich welcher Beziehung meistens schwierig zu akzeptieren ist. Nach und nach wird auch diese Zwischenzeit übergehen in eine Zeit des Neuaufbaus, bei dem man übrigens sehr bald erkennen wird, dass der Großteil des Neubaus sehr wohl mit den alten Steinen errichtet wird – aber so weit ist es noch nicht. Diese Zwischenzeit und die darin herrschende Leere darf (und im Grunde: kann) nicht überschlagen werden. Umgekehrt ist sie kein Selbstzweck, man kann nicht für immer in Unentschiedenheit und ohne festere Bindung verharren.

Oft genug lassen einem äußere Umstände nicht den nötigen Freiraum, sich einigermaßen unverbindlich zu verhalten. Wenn sich tatsächlich »Sachzwänge« auftun, dann ist es aber auch darin fast immer möglich, ihnen sachlich mit einem Minimum an langfristiger Festlegung und einem Maximum an möglicher Flexibilität zu begegnen. Wenn man z.B. aus irgendeinem Grund zwingend seine Wohnung verlassen und woanders hinziehen muss, so ist es ratsam, nicht gleich einen langfristigen Mietvertrag zu unterzeichnen oder eine Eigentumswohnung zu kaufen. Vielleicht kann man sich erst einmal einen Ort suchen, wo man z.B. über Verwandte oder Bekannte zumindest einigermaßen eingebunden ist, mit dem Gedanken: »Es darf ruhig endgültig so werden, aber jetzt brauche ich das noch nicht zu entscheiden.«

Beziehungen

Möglicherweise hat das Umfeld in der Anfangszeit mit Verständnis und Nachsicht reagiert, vielleicht sogar mit aktiver Unterstützung. Diese »Schonzeit« ist aber oft überraschend schnell vorbei. Dass man einen Verlust erleidet, in der Midlifekrise steckt oder es zeitweise einfach einmal schwer hat mit sich selbst und der Welt, ist für Außenstehende gleichsam eine einigermaßen klar umgrenzte und erkennbare Sachlage. Aber irgendwann »muss es doch mal vorbei sein damit«, »man kann sich doch nicht hängen lassen« oder »sich immer nur mit sich selbst beschäftigen«, »du wirst schon sehen, es geht mit der Zeit von selber weg«. Lassen Sie sich von solchen Allerweltsweisheiten nicht irritieren oder gar unter Druck setzen. Vielleicht ist jetzt gerade die wichtigste und entscheidende Zeit in Ihrem Leben angebrochen. Sehen Sie in diesen Reaktionen eher ein Signal dafür, dass jetzt tatsächlich eine neue Phase beginnt, in der Sie umso mehr bei sich selbst und sich selbst treu sein müssen. Viele Menschen wissen einfach nichts von diesen Zusammenhängen, von der Wichtigkeit eines Zwischenschritts und der nötigen Begrenztheit in der Festlegung. Und noch etwas: »Die Zeit heilt Wunden«, sagt man so schön. Das stimmt nicht, die Zeit selbst heilt gar nichts. Das Einzige, was heilt, ist die innere und äußere Krisenarbeit, die man in dieser Zeit erlebt und vollbringt. Von selbst geht alles nur in die Verbannung und Verdrängung – um dann in einem unerwarteten Augenblick zu einem völlig anderen Anlass wieder umso heftiger aufzutauchen.

Wenn man sich im Übergang befindet, dann zweifelt man leicht an sich selbst, an den eigenen Fähigkeiten, am eigenen Kontaktvermögen und an anderen Dingen mehr. Es fehlt ein klarer Spiegel, in den man schauen könnte, man ist verunsichert, wie man denn jetzt vor anderen dasteht, wie man sich verhalten soll, ob andere einen mögen oder doch nur aus Mitleid tolerieren. Zugleich sind durch den erlittenen Verlust auch die Ansprüche an das Leben und z.B. an die Qualität von Beziehungen gestiegen. Man hat ja schon einmal verloren und steht damit eher skeptisch und kritisch neuen Möglichkeiten gegenüber. Diese Skepsis und Kritik trifft aber gerade auch einen selbst: Man wird unsicher, denn die Art und Weise, in der man sein Leben bislang geführt hat, hat schließlich zu dieser unheilvollen Entwicklung geführt. Auch wenn dieser Gedanke oft aberwitzig erscheinen mag und man kaum oder gar nicht von eigener Schuld sprechen kann, so nagt er doch im Gemüt weiter, völlig irrational, als ein geheimes, bohrendes Gefühl, das man gleichsam im Hinterkopf mitträgt. Das Selbstwertgefühl ist dadurch arg angeknackst. Gerade dann sind kleine Schritte und kleine Erfolgserlebnisse wichtig. Man muss in mancher Hinsicht gleichsam noch einmal von vorne anfangen und wie ein Kind, das laufen lernt, immer wieder aufstehen, ein paar Schritte machen, sich an etwas stoßen, hinfallen und wieder aufstehen, bis es nach und nach immer besser geht und man sich immer ein kleines bisschen mehr fortbewegen kann. Es ist ein schwieriger Weg dorthin, den eigenen Wert nicht an dem zu bemessen, was man tut, sondern an dem, was man *ist*. Wenn man einen Menschen fragt, ob er seinen Wert kenne und was er denn meine, was ihn für andere wertvoll mache, dann bekommt man in der Regel eine Vielzahl von Antworten, die *ein* Ding gemeinsam haben: Sie beginnen allesamt mit der Wendung »ich kann ...« oder

»ich habe ...«. Das, was man kann oder hat, darauf stützt sich unser ganzes Selbstwertgefühl, immer bedacht darauf, Aufmerksamkeit und Bewunderung zu erlangen. Anders ist es, wenn man jemanden fragt, was denn einen anderen Menschen für ihn wertvoll mache. Da bekommt man merkwürdigerweise ganz andere Antworten, die viel mehr auf der Ebene dessen gelagert sind, was ein Mensch *ist*, was er oder sie für einen darstellt. Das, was man *kann* oder *hat*, ist eine sehr wackelige Basis für das eigene Selbstwertgefühl. Verluste und Krisen bringen es an den Tag, wie wenig solch ein Gerüst von *Können* und *Haben* standhält.

Im nächsten Kapitel werde ich näher darauf eingehen, was einem in dieser Situation Halt geben kann. Jetzt gilt es erst einmal, sich der Kahlheit, dem Verlustgefühl, dem schwankenden Selbstwert, der Leere der Situation zu stellen.

Kurz ein Vergleich: Wenn von einem Baum durch ein Unwetter oder durch Blitzeinschlag ein tragender Ast abbricht oder wenn von zwei Bäumen, die ganz nahe nebeneinanderstehen, so dass sie aus einem gewissen Abstand betrachtet eine einzige gemeinsame Krone gebildet haben, der eine Baum plötzlich gefällt wird, dann ist an dem, was zurückbleibt, etwas völlig kahlgeschlagen, ungeschützt, ganz und gar aus den Proportionen geraten. An den Abbruchstellen bildet der Baum schützende Säfte, er »weint«, aber er ist nicht mehr derselbe Baum wie vorher. Die kahle Seite ist Wind und Wetter ausgeliefert, und erst im Wechsel der Jahreszeiten bilden sich dort neue Blätter und neue Triebe, grüne Zweige, die aber erst noch tragfähig werden müssen.

So fühlt man sich »amputiert«, »angeknackst«, seiner

selbst beraubt. Alles Schöne, Ruhige, Kräftige ist weg, und man zweifelt an der eigenen Standfestigkeit. Aber auch in diesem Vergleich wird klar, dass die eigene Standfestigkeit, der eigene Stamm, nicht angegriffen ist – es ist »nur« das Gleichgewicht völlig zerstört, manchmal derart, dass sich solch ein Baum zu einer Seite hin neigt. Aber der erlittene Verlust an sich trifft nicht den eigenen Stamm, die eigene Selbstständigkeit. Es ist wichtig, das zu wissen – auch wenn man sich oft so fühlt, als hätte man selbst keine Chance mehr, aufrecht stehen zu bleiben. »Ich habe das Gefühl, als würde ich mir selbst fehlen«, hat mir einmal jemand erzählt, der sich in einer solchen Situation befand. Genauso ist dieses Gefühl, denn man fehlt sich tatsächlich selbst, die eigene Identität ist völlig erschüttert – zumindest in wichtigen Bereichen –, aber nicht alles ist verloren, auch wenn dies in manchen Momenten anders erscheinen mag. Eine Lebenskrise ist wie eine große Erschütterung, ein regelrechtes Erdbeben. Das kann einem tatsächlich das Gefühl geben, dass der Boden unter den Füßen wegrutscht. Erst später wird deutlich werden, was übrig ist, alle Elemente sind durcheinandergeraten, alles ist aus den Fugen und muss sich eben wieder neu fügen und zum Teil auch neu wachsen. Es ist nicht leicht, das auszuhalten und diesen langen Weg zu gehen, aber es ist das Einzige, was zu tun bleibt, will man sich nicht in Illusionen verlieren. Die Zeit der Leere ist eine Schule der Desillusionierung, sie entlarvt immer wieder Dinge, die nicht echt sind, die nur scheinbar Halt geben und die im Ernstfall nicht standhalten. Der Ernstfall ist jetzt.

Eigenanteile

Der Weg durch eine Lebenskrise ist auch ein Weg, der eigene Grenzen, eigenes Unvermögen und nicht selten auch eigene Schuld offenbar werden lässt. Es ist einfach nicht wahr, dass es immer nur »die anderen« sind, die einen dorthin bringen. Selbst bei einem Beziehungsabbruch, bei dem die Schuldfrage augenscheinlich klar auf einer Seite lastet, gibt es in tieferen Schichten auch auf der anderen Seite Anteile am Lauf der Dinge. Wenn man in Beziehung zu Menschen lebt, wird man schuldig; eine reine Unschuld ist in der Realität des Alltags für nahezu jeden Menschen eine Illusion. Vieles lässt sich nicht wieder rückgängig machen, und man kann nichts anderes tun, als sich diese Dinge so genau wie möglich anzuschauen, so dass man daran lernt, daran verändert. Wer in eine Lebenskrise gerät, hat seine Unschuld verloren, und es gibt keine noch so liebe »Mama«, die jetzt über die Wunden pustet und sagt: »Alles ist wieder gut.« Dagegen kann es – wie im vorigen Kapitel angeführt – sehr viel helfen, wenn man sich seine Schuld eingesteht und sie nach außen bringt, d.h. sie bekennt und so weit möglich auch in seinen Konsequenzen auf sich nimmt. Wenn der Zugang zu den direkt Betroffenen aus irgendwelchen Gründen nicht mehr gegeben ist, kann man auch quasi stellvertretend mit jemand anderem darüber sprechen und um Vergebung bitten. Im Gegensatz zu dem bekannten Ausspruch »vergeben und vergessen« bedeutet Vergeben gerade nicht Vergessen, sondern es bedeutet, sich die Dinge sehr genau anzuschauen und dann gemeinsam zu (er-)klären, dass die entstandene Schuld nicht entscheidend für das weitere Leben ist. Sie soll nicht weggewischt, sondern aus dem Weg geräumt werden. Das bedeutet, dass man sie loslassen kann und darf, dass sie vergeben und das weitere Leben von dieser Last freigesprochen wird. So erst, im Anerkennen, Auf-sich-Nehmen und Vergeben der Schuld, kann eine positive, »erwachsene« Entwicklung in Gang gebracht werden. Ein solcher »Freispruch« kann ein Meilenstein oder gar ein Wendepunkt in der Entwicklung sein, aber er hat nur dann Sinn, wenn er zu Wachstum und größerer Verantwortung führt, also weder ein »billiger« noch ein »strafender« Freispruch ist.

Nicht-Ereignisse

Ich möchte noch einmal kurz auf das Thema zurückkommen, das ich bereits im Zusammenhang mit dem »ungelebten Leben« angerissen habe. Unerfüllte Erwartungen spielen nämlich nicht nur in Blick auf die (jetzt so nicht mehr vorhandene) Zukunft eine wichtige Rolle. Es lohnt sich, auch einmal das zu betrachten, was im nun vergangenen, hinter einem liegenden Leben *nicht* geschehen ist. Solche sogenannten *Nicht-Ereignisse*[6] sind vielfach unterschwellig bestimmend für den gesamten Verlauf des Lebens. Gemeint sind Dinge, die man sich erträumt hat und die unerfüllt geblieben sind, oder Enttäuschungen, die man erlebt hat oder auch private bzw. berufliche Ambitionen, die man hatte und die man irgendwann aufgeben musste. Nicht selten untergraben solche Nicht-Ereignisse unterschwellig das Selbstbewusstsein, führen zu einer enttäuschten Grundstimmung, ohne dass man sich wirklich klar darüber ist, wo diese Stimmung herkommt. Man »findet sich ab« damit, dass es so ist, wie es ist – was in vielen Fällen heißt, dass man nicht klärt, was mit diesen

Träumen und Erwartungen gemeint ist und wie die darin enthaltenen Energien in eine andere Richtung gelenkt werden können, um fruchtbar zu werden, sondern dass man sie verdrängt und still weiter mit sich trägt, wobei sie das Selbstbewusstsein aushöhlen wie ein steter Tropfen, der immer wieder auf die gleiche Stelle fällt. In der Lebensmitte hat man die Möglichkeit, sich mit diesen Nicht-Ereignissen intensiv auseinanderzusetzen. Es gibt durchaus profane Auslöser für solch gefühlte Nicht-Ereignisse. Einige werde ich gleich im Übungsteil auflisten. Hier aber erst mal ein sehr ernsthaftes Beispiel für einen positiven Wandel, der aus dem gefühlten und faktischen Verlust eines ebensolchen Nicht-Ereignisses entstanden ist:

Ein recht junges Ehepaar hatte vom Arzt zu hören bekommen, dass es kinderlos bleiben würde, woran auch medizinische Eingriffe nichts mehr ändern könnten. Dies hatten die beiden jungen Leute augenscheinlich recht schnell »verarbeitet«. Beide lenkten ihre Energie verstärkt auf den beruflichen Einsatz, sie gönnten sich manchen Extraurlaub und lebten auch miteinander ganz zufrieden. Bis plötzlich eine sehr wohlgemeinte Einladung zum Anlass für den Sturz in eine tiefe Krise wurde. Sie waren von Freunden als Paten für ein Kind gewählt worden. Plötzlich wurde ihnen klar, wie sehr sie beide unter der Kinderlosigkeit gelitten hatten, was sie bislang aber nur oberflächlich und nüchtern-rational miteinander besprochen und bearbeitet hatten. Der sachliche Tatbestand war ihnen bewusst gewesen, und sie hatten mit dem verstärkten Engagement in der Arbeit eine sachliche Antwort darauf gefunden. Was sie nicht ins Auge gefasst hatten, war ihre tiefe Enttäuschung und Verletztheit, die die Mitteilung des Arztes damals in ihnen gefühlsmäßig ausgelöst hatte.

Plötzlich wurden sie jeder für sich und beide zusammen von einer Welle der Enttäuschung erfasst, die sich sehr bald auf ihre gesamte Biographie ausdehnte. Sie kamen an den Rand einer Scheidung, weil ihr Lebenstraum innerlich doch der alte geblieben war. Sie hatten so, obwohl es ihnen durchaus gut ging, ganz still und zum Teil auch völlig unbewusst Enttäuschung auf Enttäuschung gehäuft. Es dauerte sehr lange und bedurfte vieler Gespräche mit einem seelsorglichen Berater, bis sie jeder für sich und erst danach auch gemeinsam emotional so weit waren, dass sie einen Neubeginn wagten, in dem sie sich erneut gegenseitig für sich entschieden.

Solch eine völlige Umwälzung und Umordnung der Lebensträume – ein typisches Midlife-Phänomen – ist schwer zu vollziehen, denn man löst sich nicht leicht davon, man ist schnell geneigt, anderen die Schuld daran zu geben und damit letztendlich darin zu verharren und zu erstarren.

Die Midlifekrise ist dann eine – wenn auch ungewollte – Gelegenheit (!), eine positive Wende zu vollziehen. Es ist ja jetzt durchaus noch möglich, einen einmal erstellten Lebensentwurf – wobei es nicht viel ausmacht, ob dies damals bewusst oder unbewusst geschehen ist – zu revidieren, gleichsam neu zu schreiben oder umzuschreiben. Das ist nicht gleichbedeutend mit Aufgeben oder Resignation, sondern einerseits ein Eingehen auf die Realität und ein Beispiel für die »Kunst des Möglichen«, zum anderen aber auch ein Weg, vielleicht der einzig fruchtbare, die wesentlichen Elemente und treibenden Impulse des Lebensentwurfes am Leben zu erhalten und vor dem Untergang zu bewahren. Es ist nicht gut, mit dogmatischem Starrsinn (auch wenn es sich bei solch einem »Dogma«

um ein Gefühl handelt) an dem festzuhalten, was man sich in einer früheren Lebensphase erträumt hat. Ein neuer Lebensentwurf wird vielleicht andere Prioritäten haben, wird in seinen Zielvorstellungen und in der Wahl der Mittel der Realität mehr angepasst sein, aber er bedeutet keine Selbstaufgabe, sondern eine neue, (über-)lebensfähige Übersetzung des ursprünglich Erhofften und Erstrebten. Die wirklich wesentlichen Dinge gehen nicht verloren, auch wenn sie jetzt noch im Einzelfall utopisch erscheinen mögen. Lassen Sie sich Ihre Sehnsucht und Ihre Träume nicht nehmen – aber geben Sie ihnen eine *reale* Lebenschance!

Zur Unterstützung

Ich war noch niemals in New York: mögliche »Nicht-Ereignisse« einfach mal zum Ankreuzen

- ☐ Ich war noch niemals in …
- ☐ Mein Berufswunsch war eigentlich ein ganz anderer.
- ☐ Ich hätte so gern eine Tochter/einen Sohn gehabt!
- ☐ Ich habe noch so viele ungenutzte Talente, Interessen, für die ich nie Zeit finde …
- ☐ Unsere Ehe (oder Beziehung) hatte ich mir doch irgendwie anders vorgestellt.
- ☐ Das Karriereziel war eigentlich höher gesteckt.
- ☐ War das nun schon mein Leben?
- ☐ Ich habe mich immer wieder damit abgefunden, dass es ist, wie es ist – aber jetzt ist Schluss damit!
- ☐ Ich will raus!!! Bin aber immer noch drin.

☐ Ich wollte immer schon mal so aussehen wie …

☐ Eigentlich wollte ich immer irgendwie anders sein.

☐ Bei meinem Gehalt kann ich mir das nicht erlauben.

☐ Es muss noch andere Möglichkeiten geben.

☐ Eine neue Liebe wäre wie ein neues Leben!

Entspannung

Was kann Sie in dieser Zeit der »gähnenden Leere« unterstützen? Wenn Sie sich entschlossen haben, dieser Leere nicht aus dem Weg zu gehen, sondern sie zu durchleben, dann ist es erneut wichtig, sich klarzumachen, dass Ihre Seele zurzeit Schwerstarbeit verrichtet, auch wenn dies eine andere Art der Arbeit ist als das, was man für gewöhnlich darunter verstehen mag. Wichtig ist also alles, was diese Seelenarbeit unterstützt: Entspannungsübungen (z.B. autogenes Training, Jacobsen-Training); das Lesen von Büchern oder der Besuch von Vorträgen, die sich mit der anstehenden oder einer verwandten Thematik befassen; Gespräche mit Personen, die Erfahrung in dieser Hinsicht haben. Mit anderen Worten: alles, was Sie innerlich beruhigt und zugleich »am Ball«, d.h. am Thema, bleiben lässt. Dazu kommt, dass man sich selbst – nicht wenige müssen dies, so banal es sein mag, überhaupt erst einmal lernen – ab und zu auch einfach einmal etwas Gutes tun sollte, sei es durch ein besonders gutes Essen, einen Kino- oder Theaterbesuch oder einen kurzen Erholungstrip am verlängerten Wochenende oder was auch immer. Wichtig ist nur, dass es sich um eine bewusste Aktion handelt, die man dann auch voll und ganz ausschöpft und genießt. Vor allem Menschen, die viel oder fast ausschließlich für andere gesorgt haben, müssen erkennen und lernen, dass »Sorge für sich selbst« kein zu verurteilender Egoismus ist, sondern eine grundlegende Voraussetzung dafür, auch anderen (wieder) Gutes zu tun. Die Zeit der Leere ist, auch wenn sie nicht klar abgrenzbar ist, sondern sich immer wieder einmal »meldet«, die Phase des Übergangs, hin zu einem neuen Lebensaufbau. Das bedeutet, dass Sie noch viel vor sich haben, wahrscheinlich (hoffentlich) weniger mit Katastrophen, die auf Sie einstürzen, dafür mit mehr Anstrengungen und Widerständen von außen und von innen.

Mangel

Als Zweites möchte ich Ihnen einen Gedanken nahelegen und zum Überdenken geben: Viele Menschen, die meisten vielleicht, erfahren die Welt, ihre Umwelt, in der Grundtendenz als etwas Bedrohliches, gegen das man sich auf alle möglichen Arten versichern muss. Sie häufen Geld an, schließen Versicherungen ab, suchen Arbeit mit festem Gehalt, bauen sich ihr Heim, ihr »castle«, legen Vorräte an, sind »vor«-sichtig, sehen sich vor. Das mag alles seine Berechtigung haben, es mag gut sein oder nicht, egal. Aber entscheidend ist, dass dies alles die Welt als einen »Mangel« betrachtet, dem es zu begegnen und den es zu beseitigen gilt. Es fehlt Sicherheit, es fehlt das Ideale, das Erträumte. Aber die Welt ist nicht »Mangel«! Im Gegenteil, von ihrer Art her ist diese Welt, die Erde, auf der wir leben, »Gabe«, »Geschenk«. Man bekommt auch heute das, was man nötig hat.

Mit einem Blick auf die Entwicklung in der »Dritten Welt« mag man diesen Gedanken als unrealistische Spinnerei abtun. Aber auch das stimmt nicht. Wir haben die

Welt tatsächlich in mancher Hinsicht aus den Angeln gehoben – dies aber ist eine Folge dessen, dass wir meinen, uns ständig gegen Mangel versichern zu müssen, woraus über Rivalität und Unterdrückung eine ungerechte Verteilung entspringt.

Eine kleine Übung vor diesem Hintergrund: Versuchen Sie doch einmal eine Woche oder einen Tag oder auch nur eine Stunde lang, die Welt mit anderen Augen zu sehen: nicht als Mangel und Bedrohung, sondern als einen Ort, an dem Sie genau das bekommen, was Sie nötig haben, zu jedem Zeitpunkt. Sie werden kaum glauben, wie viel »versichertes« Leben auf einmal frei wird! Und übrigens: Wessen können wir uns wirklich versichern – was davon ist nicht einfach Illusion?

Manchmal muss die Hand erst leer werden, um gefüllt werden zu können.

Was brauche ich wirklich?

Es lohnt sich auch, sich einmal einen Tag oder eine Woche lang wirklich auf das zu beschränken, was man wirklich braucht, um so sein Leben äußerlich wie innerlich von Überflüssigem zu befreien. Das entspricht durchaus dem Sinn der in mehreren Religionen auf unterschiedliche Art ausgefüllten Fastenzeit.

Zwischenbilanz

Die Zeit der Leere bietet auch die Gelegenheit zu einer Inventarisierung. Es hat sich als hilfreich erwiesen, wenn man sie über mehrere Tage hinzieht und sich mit den folgenden Fragen auf verschiedenen Ebenen auseinandersetzt.

- Worin besteht meine berufliche Basis im Moment?
- Entspricht sie meinem Verlangen, meinem Lebensauftrag, meiner Überzeugung?
- Wer oder was gehört wesentlich zu meinem Leben?
- Was möchte ich (beruflich, privat) erreichen?
- Was hat sich in der Vergangenheit als zuverlässig herausgestellt?
- Worauf kann ich bauen?
- Was sind meine wichtigsten Überzeugungen?

Die Angst zähmen und Halt finden

Schritt für Schritt sind wir, sind Sie, den Weg gegangen, wohl nicht zuletzt deshalb, weil es dazu keine brauchbare Alternative gab. Es hat – nicht immer in schulbuchmäßiger Reihenfolge – einen ziemlich radikalen Abbruch gegeben, einen augenscheinlichen Niedergang, in dem aber von Anfang an auch der Kern eines Neubeginns steckte, auch wenn der nicht gleich sichtbar war. Mittendrin gab es immer wieder einen Moment der Leere, den es auszuhalten galt (und immer wieder auszuhalten gilt), der, insgesamt betrachtet, die Vorbereitung für einen neuen Anlauf war. »Anlauf«, das klingt sehr dynamisch, sehr stark, sehr zielgerichtet und bestimmt. So ist es aber gar nicht, wenn man mitten in der Krise ganz allmählich so etwas wie eine aufbauende Bewegung verspürt; wenn man das Gefühl hat, dass das Schlimmste jetzt hinter einem liegt, dass es eine Wende gegeben hat – man traut sich das Wort kaum in den Mund zu nehmen, vor lauter Angst davor, dass man wieder zurückfallen könnte. Erst später werden Sie sehen, dass dies tatsächlich eine Anlaufphase ist, dass in diesem zögerlich-ängstlichen Vermuten eine große Dynamik steckt. Ein Anlauf dient dazu, Schwung zu *bekommen* – wenn man ihn schon hätte, könnte man sich den Anlauf ersparen! Es ist tatsächlich eine neue Phase, in die Sie jetzt eintreten. Allerdings geht er nicht mit einem triumphalen Gefühl der Überwindung des Vergangenen einher, sondern in aller Regel mit einer gewaltigen Angst, und es ist wichtig, sich diese Angst einzugestehen, sich mit ihr auseinanderzusetzen.

Die Auseinandersetzung mit der Angst

Was gibt es eigentlich noch zu verlieren? – Trotzdem, auch wenn man sich dies vorhält, so ist die Angst doch da, oft gar nicht so bewusst, aber manchmal übermächtig, lähmend. Dann ist es, als ob der kleine Mensch in unserem Innern bei jedem Schritt, den man vorangeht, protestiert, oft beim geringsten Anlass, immer wieder. Der kleine Mensch schreit, er will nicht mehr, er ist müde, will in den Arm genommen und getröstet werden – und man tut gut daran, sich dies klarzumachen und innerlich selbst den kleinen Menschen in den Arm zu nehmen und einige Zeit zu wiegen, bis es wieder geht. Es ist oft so, dass niemand anderes das tut, man muss es selbst tun, die Angst und Lähmung überwinden, indem man innehält, in sich hineinhört und Verständnis mit dem kleinen Kind im Innern hat. Mit Gewalt und mit »darüberstehendem« Ignorieren ist auf Dauer gar nichts zu machen – oder man tappt eben genau in die Falle, die ein Teil der Lebenskrise ist: die Unterdrückung der nicht gewollten, nicht akzeptierten Kräfte.

Angst wovor? – Einmal ist da eine diffuse Angst, kaum greifbar, eine Art grundlegende Lebensangst, die gerade in dem Moment wieder aufkommt, wo man so langsam bereit ist, sich wieder auf den Weg zu machen. Etwas in mir will nicht erwachsen werden, scheut zurück vor einem Weg, der ja schon einmal in eine mehr oder weniger große Katastrophe geführt hat. Es handelt sich wohlgemerkt um ein *Gefühl* der Angst, das mit Einsicht allein nicht zu vertreiben ist. Es ist besser, dieses Gefühl da sein zu lassen, es gleichsam aufzufangen, zu »wiegen« und nach und nach zu beruhigen, als es mit Verstand und Ungeduld zu unterdrücken. Diese diffuse Lebensangst wird immer wiederkommen, wenn sie nicht durch schrittweisen Vertrauensaufbau abgelöst wird. Vertrauensaufbau ist ein langer Weg.

Zum andern ist da auch die Angst, die aus einer Unsicherheit, einem Nicht-Wissen resultiert. Der Neuaufbau ist ja tatsächlich ein Aufbruch in unbekannte Gefilde, es gibt noch wenig klar umrissene Konturen, auch dann, wenn man im äußeren Bereich vielleicht die eine oder andere skizzierbare Vorstellung oder Zielvorgabe hat. Es kann durchaus eine Zeitlang ablenken und beruhigen – auch das ist legitim, manchmal sogar nötig –, wenn man in irgendeinem »Tat-Bereich«, d.h. auf einem absteckbaren Feld, wie z.B. im Beruf, bestimmte Ziele entwickelt und ihnen mit viel Einsatz nachstrebt. Aber entscheidend ist der *innere* Neuaufbau; der bestimmt letztendlich das Tempo!

Ein drittes Element der Angst hängt eng mit dem Gefühl zusammen, dass man innerlich (oft genug auch äußerlich) nicht mehr weiß, wo man hingehört, orientierungslos ist, sich gleichsam entwurzelt fühlt und erst einmal wieder irgendwo sesshaft werden muss, wenn auch vielleicht wieder nur vorläufig. Das innere Gleichgewicht jedenfalls ist sehr gebrechlich und die Angst vor dem Umfallen daher sehr groß.

Wichtig ist es, sich diese Ängste überhaupt erst einmal einzugestehen, sie nicht zu ignorieren, sondern sie im Gegenteil regelrecht zu erforschen. Man überwindet ein Hindernis nicht, indem man seine Existenz ignoriert. Solche inneren Hindernisse begleiten uns so lange, bis wir sie erkennen, sie aufnehmen und nach und nach abtragen, klären. Wenn dies nicht geschieht, wachsen sie, während sie uns still begleiten, um dann zu irgendeinem Zeitpunkt umso stärker hervorzubrechen. Das Ignorieren oder gewaltsame Unterdrücken der Angst bereitet so im Grunde schon die nächste Katastrophe vor.

Gerade in der Lebensmitte aber wird so manchem auch eine ganz andere Dynamik und Auswirkung der Angst bewusst. Sie treibt einen nämlich auch immer wieder nach vorne, entwickelt enorme Kräfte, die nicht wenige auch in »Tat-Kraft« umsetzen und damit durchaus anzuerkennende Erfolge erringen oder eine ansehnliche Karriere hinlegen. Dennoch, sie sind dabei ständig auf der Flucht, ohne genau zu wissen, wovor. Die Angst treibt sie von einem zum Nächsten. Das kann, das soll, das darf so nicht weitergehen. Es muss nicht alles falsch sein, was so erreicht ist, aber die Angst als Basis für Getriebenheit ist ein unzuverlässiger Partner, der einen am Ende an sich selbst vorbeiführt. Dann hat man vielleicht eine Menge erreicht und doch an sich selbst vorbeigelebt.

Was also tun mit der Angst? Zwei Dinge habe ich bereits genannt: zunächst das Anerkennen (und oft regelrechte Erforschen) dieses Gefühls: Wovor habe ich konkret Angst? Wo kommt sie her? Woran erinnert sie mich aus früherer Zeit? usw. So kann man der Angst auf den Grund gehen, auch wenn dieser Grund meistens ein völlig irrationaler sein mag; aber er ist doch real. Das Zweite ist das Aufnehmen der Angst, das verständnisvolle, beruhigende »Wiegen« in den Armen. Das Ziel ist nicht, die Angst zu beseitigen, »angstfrei« zu werden – das ist eine Illusion von Menschen, die nie gelernt haben, auf sich selbst und auch auf ihre Ängste zu hören. Angst hat auch sehr viel Positives, z.B. warnt sie uns vor Gefahren und verhindert ein überhitztes Vorgehen. Es geht darum, die

Angst in uns zu »zähmen«, sich mit ihr vertraut zu machen, mit ihr umzugehen und sie zu einem Vertrauten, einem Verbündeten werden zu lassen. Unterdrückte Angst führt früher oder später zu Gewalt, wenn sie nach außen gekehrt wird, bzw. zu Depressionen, wenn sie nach innen umschlägt.

So wichtig es ist, auf die eigene Angst zu hören, sie kennenzulernen und aufzunehmen, so wichtig ist es auch, sich nicht von ihr bestimmen und leiten zu lassen. Angst ist ein schlechter Ratgeber! Sie mag eine antreibende Kraft sein, aber sie treibt einen, ungezähmt, in die falsche Richtung.

Das Dritte ist dann die Vertrautheit mit ihr. Man kann sich tatsächlich im inneren Dialog mit der Angst »unterhalten«, sie fragen, was sie zu sagen hat, wovor sie mich warnen will. Aber klar ist: Nicht die Angst beherrscht mich, sondern ich habe sie in mir und gehe mit ihr um.

Einige Fragen, die Ihnen bei dieser Auseinandersetzung einen Halt und etwas Orientierung geben können:

- Was ist »real« an meiner Angst, worauf weist sie mich konkret hin?
- Was an ihr bezieht sich auf Gegenwärtiges, was bezieht sich auf Vergangenes, und was bezieht sich auf Zukünftiges?
- Was ist für mich das Schlimmste, was passieren könnte?

Grundsätzlich ist wichtig, die Angst in der Gegenwart aufzugreifen. Dort, wo sie sich auf Vergangenes gründet, kann man zu mehr Klarheit finden, wenn man nachspürt, wo sie konkret herrührt, und dies an der Gegenwart misst, wobei jedoch Vergangenes letztendlich nicht die

Gegenwart bestimmen darf. Dort, wo die Angst sich auf Zukünftiges bezieht, ist es wichtig, ihr die Stirn zu bieten und sich mit nüchterner Einsicht vorzuhalten, was real ist und was nicht. Denn gerade dort ist die Angst am mächtigsten, wo man gleichsam über ungelegten Eiern brütet! Deshalb auch die Frage nach dem schlimmstmöglichen Fall: Es geht darum, den realen Wert der Angst, ihre positiv warnende Funktion einzuschätzen. Es ist gut, einen solchen »Wachhund« im Inneren zu haben, er soll rechtzeitig anschlagen und vor Gefahren warnen, aber er soll nicht wegen jeder Fliege im Hause bellen.

Wenn man sich auf diese oder eine ähnliche Art mit seiner Angst angefreundet hat, kann sie tatsächlich ein guter Wachhund sein. Ein Hund aber sollte immer spüren, wer der Herr (die Frau) im Hause ist – nicht um die Angst zu unterdrücken, sondern um sie einzufügen, sie vertraut zu machen, ihre Kraft zu spüren, sich aber nicht in eine falsche Richtung drängen zu lassen. Jetzt, in der Lebensmitte, gibt es die Möglichkeit, die Weichen noch einmal anders zu stellen. Noch hat man die Kraft dazu – wann, wenn nicht jetzt?

Was aber, wenn die Angst so groß geworden ist, dass sie regelrecht lähmend wirkt? Es kann sein, dass man tatsächlich aus einer diffusen Angst heraus wie gelähmt ist, auch dann, wenn man, wie hier beschrieben, diese Angst erkannt und anerkannt und sich mit ihr vertraut gemacht hat. Sie kann einen dennoch manchmal regelrecht »flachlegen«, manchmal im wörtlichen Sinne, indem man es nicht schafft, aus dem Bett zu kommen, oder tatsächlich krank wird. Es gibt spezialisierte Therapien, in denen man lernt, mit der Angst umzugehen; diese Möglichkeit steht jedem offen. Dort aber, wo man selbst ohne direkte therapeutische Hilfe vorankommen kann – eine Midlifekrise ist keine Krankheit! –, empfiehlt es sich, gegen diese Lähmungen, die ja nur zeitweise auftreten, anzugehen, sich durch sie so wenig wie möglich beirren zu lassen und an dem festzuhalten, was man sich vorgenommen hatte. So ähnlich wie man manche Verspannung gerade dadurch löst, dass man so tut, als gäbe es sie nicht, und man sich so gegen den Widerstand durchsetzt, so verhält es sich im Umgang mit solchen Lähmungen und Blockaden. Geht man den Lähmungen inhaltlich nach, so wird sehr schnell deutlich, dass sie auf die eine oder andere Art aus einer angsterfüllten Sicht auf die Zukunft hervorkommen, und dann ist es wichtig, sich konsequent an die Gegenwart, an das konkrete Hier und Jetzt zu halten. Es mag hart klingen, aber es hilft nichts: Solche lähmenden Momente, die auch Tage oder sogar Wochen stark bestimmen können, gilt es nicht nur auszuhalten, sondern man muss durch sie hindurchgehen. »Hindurch« bedeutet, dass man die Angst und die Verlangsamung sieht und spürt und dennoch einen Schritt nach dem anderen setzt, vielleicht etwas langsamer, vielleicht etwas kleiner, aber echte Schritte und – soweit möglich – erhobenen Hauptes!

»Zurück« geht nicht mehr

Jetzt, in dieser Phase des neuen Aufbruchs, mitten im Leben, kann man vielleicht einmal etwas länger einen Blick auf das werfen, was hinter einem liegt und was man tatsächlich auch hinter sich gelassen hat. Das, was war, war einmalig, sowohl im Positiven wie im Negativen. Die Angst vor einer Wiederholung des Negativen braucht Sie nicht weiter zu bestimmen, aber auch die schönen Momente, die es gab, sind definitiv vorbei. Es hat keinen Sinn, sich noch einmal dorthin zurückzuversetzen, auch wenn es Zeiten gibt, in denen man sich regelrecht danach sehnt, dass es noch einmal so würde, wie es »vorher« war. Das ist vorbei, es gibt kein Zurück mehr. Erst später – ich werde darauf an entsprechender Stelle noch eingehen – hat es Sinn, das Vergangene aufzugreifen und eine neue Verbindung herzustellen. Jetzt aber gilt, dass das Vergangene einmalig war und ist und bleiben wird und dass man sich davon verabschieden muss. Es fällt nicht leicht, dies »einfach so« loszulassen, zum einen, weil es genug darin gibt, an dem man (doch noch?) hängt und mit dem man sich verbunden fühlt, zum anderen weil der Abschied davon erneut in das Gefühl des »luftleeren Raumes« zu führen scheint. Es ist entscheidend, dass man die Notwendigkeit des Abschieds einsieht und tatsächlich, wie schon einmal kurz erwähnt, Abschied *nimmt*, denn man bekommt ihn nicht geschenkt. Ein Festhängen am Vergangenen führt tatsächlich zu einem »Hängenbleiben«, zum Stillstand, zur Aufgabe und Resignation. Es gilt, den Weg für eine *neue* Verbindung freizumachen, die aber erst dann entstehen kann, wenn die alte Art der Verbindung tatsächlich »vergangen« ist.

Der Einmaligkeit und Unwiederbringlichkeit des Vergangenen und – wie auch immer – Verlorenen steht auf der anderen Seite meine eigene Einzigartigkeit und Einmaligkeit gegenüber. Ich bin ein Mensch wie kein anderer, und ich schicke mich an, mich selber, mein weiteres Leben neu zu entdecken, noch einmal eine ganz entscheidende Weichenstellung vorzunehmen. Tatsächlich hat man manchmal das Gefühl, sich in vielen Aspekten selbst nicht mehr wiederzuerkennen. Dieser Eindruck trügt nicht, auch wenn man nicht ein völlig anderer Mensch geworden ist. Aber alle vorhandenen Anlagen und Erfahrungen sind in der Krise durcheinandergerüttelt, gleichsam neu gemischt worden, und zusätzlich ist manches dabei aufgetaucht, was vorher völlig aus dem Blickfeld gerückt war. Es ist eine ganz wichtige Aufgabe, sich selbst neu (d.h. als einen »neuen« Menschen) kennenzulernen, zu entdecken, was einem wirklich guttut, was man möchte und was nicht, mit wem man sich befreunden kann und mit wem nicht, wofür man eintritt und was man verabscheut. Das ist längst nicht immer dasselbe wie vorher, auch wenn natürlich (im wörtlichen wie im übertragenen Sinne) der eine oder die andere »alte Bekannte« wiederkommt, aber er erscheint jetzt in einem ganz anderen Licht. Alles muss gleichsam von null an seinen Platz finden, nach und nach zu einem Ganzen zusammengefügt werden. Es gibt im Grunde nichts Vorgegebenes mehr: Die vorhandenen Leitbilder sind zerstört, Personen, die bedeutsam waren, haben womöglich einen anderen Platz bekommen; weniger bedeutsame Beziehungen sind wichtiger geworden.

Der jetzt vorherrschende Mangel an etwas Vorgegebenem kann übrigens leicht dazu führen, dass man sich in die Welt eines anderen Menschen begibt, sich gleichsam an ihm oder ihr festsaugt. Das kann zu einem wie auch immer gearteten »Guru-Verhältnis« führen, nicht selten auch zu einer (scheinbaren) Partnerschaft, die mit viel realer Sympathie gepaart ist, die aber im Grunde gerade deshalb keine Partnerschaft ist, weil man selbst noch nicht »Partner« ist, sondern sich noch im Aufbau befindet. Auch wenn es sehr verständlich sein mag, dass man in solch einer Phase – und die kann im eigenen Erleben sehr,

sehr lange dauern – sich eines anderen Menschen und seiner Art zu leben »bedient«, um selbst zu einer Standortbestimmung zu finden, ist es zum jetzigen Zeitpunkt besser zu »schwimmen«, als sich an Koordinaten zu orientieren, die von anderen vorgegeben sind. Das bedeutet wie gesagt nicht, dass man keine Kontakte pflegen sollte, im Gegenteil, sie sind zur Orientierung denkbar wichtig, aber es soll sich dabei um wirklich partnerschaftliche Kontakte handeln, und sie sollten nicht weiter reichen, als wie man selbst Partner ist – sonst geht man ungewollt an der Einmaligkeit des neuen Lebens vorbei. Dabei ist es ein besonderes Glück, wenn man jemanden hat, der einen in solch einem Prozess begleitet und darin von außen Orientierung und Unterstützung bietet. Aber diese Begleitung muss tatsächlich eine Begleitung sein, keine Führung, sondern kritische Unterstützung, »Seelsorge« im besten Sinne des Wortes – keine Therapie, sondern ein sorgsames Sich-Kümmern um den anderen, so wie er ist. Wichtig ist, dass man weiter entdeckt, in Bewegung bleibt, aber dabei nicht den zweiten Schritt vor dem ersten macht. Entdeckungsreisen fordern Geduld, aber es ist besser, einen Umweg zu riskieren, als sich die Zielrichtung von anderen vorgeben zu lassen.

Bei mir sein

Jetzt gilt es, es bei und mit sich selbst auszuhalten und – nach wie vor – Schritt für Schritt, Tag für Tag weiterzugehen. Inzwischen ist die Entwicklung etwas weniger dramatisch geworden, die Intervalle zwischen einzelnen Teilstücken, zwischen wechselnden Stimmungen sind länger geworden, man sitzt zwar noch längst nicht fest im Sattel, aber es gibt so etwas wie einen positiven Ansatz, der in diese Richtung weist. Es bei sich selbst auszuhalten bedeutet nicht, dass man das Alleinsein zu einem Kult erheben oder zu einer Tugend machen sollte. Aber die – durchaus ungewollte, aber in gewisser Weise positiv hingenommene – Einsamkeit ist eine Durchgangsphase, die nötig ist, um innerlich Wurzeln zu schlagen, Orientierung und Halt zu finden, *innerlich* sesshaft zu werden. »*Die Einsamkeit ist ein Tempel der Stille, der alle unsere toten Zweige ausreißt. Dennoch pflanzt sie unsere Wurzeln in die Tiefen des lebenden Herzens*«, dichtet Khalil Gibran. Das ist nicht immer angenehm, aber dieses Moment des Ausharrens ist unumgänglich und vollzieht sich in der Praxis vielleicht leichter, als man es sich im Vorhinein vorstellen mag. Man muss lernen, sein Leben neu einzurichten, muss entdecken, was guttut und was nicht, wozu man stehen kann und wozu nicht usw. Das ist ein »ein-samer« (wörtlich: in einem zusammenkommender) Prozess. Die kleinen und großen Entscheidungen, die man dabei trifft, kann kein anderer übernehmen. Dabei handelt es sich nicht um ein passives Abwarten, sondern um ein ganz aktives *Ausharren*, ein ständiges inneres Ausschauhalten und Hinhören, das bereit ist, zur Not auch kompromisslos eigene Wege zu gehen. Als Jugendlicher oder junger Erwachsener ist man in solchen Sachen meist sehr viel mutiger und unbekümmerter als in der Lebensmitte. Das merkt man aber jetzt erst.

»Gut« leben lernen

Die Auseinandersetzung mit der Angst, das Erkennen der Einmaligkeit in der neu entstandenen Situation und die

Bereitschaft, es bei und mit sich selbst auszuhalten, sind Komponenten, die inneren Halt geben und die eine neue Entwicklung fördern. Aber Halt finden fängt im Alltag ganz klein und praktisch an, mit solch augenscheinlich simplen und selbstverständlichen Dingen wie Aufstehen, Essen, Schlafengehen, mit sogenannten »Alltagsritualen«. Manche Dinge sind festgelegt, z.B. durch Arbeitszeiten oder durch die Sorge für die Kinder. Andere Dinge sind weniger fixiert und bieten Spielraum. Manchmal ist es sogar so, dass der Rahmen, in den die Alltagsrituale eingebettet sind, zerbrochen ist, z.b. dadurch, dass man seine Stelle verloren hat oder durch den Bruch der Partnerschaft oder durch den Umzug in eine andere Stadt. Alltagsrituale sind eine Art Schutzbereich, in dem wir uns bewegen. Wenn sie ganz oder teilweise weggefallen oder zerrüttet sind, fehlt ein ganz wesentlicher Bestandteil des Lebens – aber er fehlt auf eine Art und Weise, die man zunächst gar nicht so bemerkt und die sich meistens nur schleichend bemerkbar macht, dadurch dass beispielsweise die Stimmungsschwankungen häufiger und extremer werden, dass man schneller müde wird, dass man irgendwie zu wenig oder zu viel Zeit hat, dass einem mehr und mehr Dinge einfach egal sind.

Fehlende oder zerrüttete Alltagsrituale führen zum einen zu einer Nivellierungstendenz: Weil es nichts »Normales« gibt, wird das Besondere weniger besonders; zum anderen können ganz alltägliche Dinge wie rechtzeitiges Aufstehen, Einkaufen, Ausgehen, das Bewahren einer gewissen Ordnung zu gewaltigen Schwierigkeiten werden. Das alles führt auf die Dauer zum teilweisen oder totalen Rückzug aus der »normalen« Welt.

Es dauert recht lange, bis man sich ein paar Dinge (wieder) bewusst zur Gewohnheit gemacht hat. Vieles geht auch einfach so, ohne dass man ausdrücklich dabei stillsteht, aber gerade der Umbruch in einer Midlifekrise stößt einen mit der Nase auf diese scheinbaren Selbstverständlichkeiten. Man muss (und das ist auch eine Chance) jetzt seinen Alltag teilweise neu strukturieren, sich bewusst machen, was man will oder nicht will, wie man seine (Frei-)Zeit einteilt und wozu man sie nutzt, wie man sich ernährt, wofür man sich einsetzen will usw. Es ist gut, das einmal aufzuschreiben, mal einen ganz normalen Tag in Gedanken durchzugehen, von morgens früh bis abends spät.

Gerade in der Midlifecrisis, die ja von vielen auch gleichsam ambulant oder berufsbegleitend erfahren und erlebt wird, kann das Umgekehrte, nämlich ein völlig festgefahrener Rhythmus, die »Mühle« oder das »Hamsterrad«, in dem man sich bewegt, zum Problem werden. Es ist oft schwierig, aber eben auch existenziell wichtig, daraus auszubrechen. Dass eben »alles immer so weitergeht« ist ein wichtiger Grund für diese Krisenzeit. Es ist wichtig, alles, was scheinbar fixiert ist, auf seinen Sinn und seine Notwendigkeit hin zu hinterfragen und gegebenenfalls den Mut aufzubringen, diese Struktur auch tatsächlich aufzubrechen, zu verändern und dahingehend umzubauen, dass sie ausreichend Raum zur Entfaltung neuer Dinge gewährt. Beruflich kann es sinnvoll sein, sich in der einen oder anderen Form eine Auszeit zu nehmen, auch von längerer Dauer (»Sabbatical«). Es kann wirklich »Not-« wendig sein, denn sonst geht es immer nur so weiter, und es ändert sich womöglich nie mehr was – zumindest fühlt es sich so an. Es ist nicht wahr, dass sich nichts ändern lässt und dass man einzig und allein das Opfer auferlegter Strukturen ist. Diese lassen sich sehr wohl ändern, auch Tagesstrukturen. Das zeigt sich spätestens dann, wenn von außen eine Veränderung, z.B. betrieblicher Art, angebracht wird. Dann geht es plötzlich. Warum soll es nicht auch gehen, wenn eine innere Notwendigkeit besteht?

So komisch es für einen erwachsenen Menschen klingen mag, aber man muss tatsächlich wieder neu leben lernen. Das muss nicht per se heißen, dass man alles auf den Kopf stellen muss, aber es ist wichtig, sich innerlich neu hinter alles zu stellen, was man tagtäglich tut und lebt, gleichsam den Pakt mit dem eigenen vorhandenen Leben zu erneuern. Dass man in der Lebensmitte dabei schon auf eine Menge Erfahrungen zurückgreifen kann, kommt einem sicherlich zugute, aber Verletzungen und alte Wunden geben umgekehrt oft auch ein verzeichnetes Bild von der Wirklichkeit. Hinzu kommt, dass mit steigendem Alter die Flexibilität abnimmt – auch wenn man nicht selten staunt, wie viel »Eingefahrenes« auch wieder in Bewegung gebracht werden kann.

Eine einigermaßen feste und mit (neuer) Überzeugung gelebte Tagesstruktur also ist ein wichtiger Halt im neuen Leben. Es besteht die Chance, andere Dinge darin einzubauen, für die bis dato kein Platz war, oder in mancher Hinsicht überhaupt einmal zu entdecken, was einem persönlich wichtig ist, und dies auch umzusetzen. Das geschärfte Bewusstsein, dass nichts von selbst da ist, lässt es zu, dass man anders gewichtet, dass man sich überlegt, was eine Investition wert ist und was nicht. Wenn ich z.B. viel Wert auf einen großen Freundes- und Bekanntenkreis lege, muss ich mir klarmachen, dass dies auch Investitionen in Form von Zeit und Engagement erfordert, denn bestehende Kontakte bedürfen der Pflege, und neue Bekanntschaften müssen erst einmal Schritt für Schritt aufgebaut werden. Das bedeutet ganz konkret, dass man auch einmal investieren muss in Zeit oder in Reisekosten oder was auch immer, eben weil es wichtig ist, Kontakte zu unterhalten. Die Zeit jedenfalls, in der es wie von selbst ging, ist erst einmal vorbei!

Zu diesem Lernprozess für ein »gutes« Leben gehört auch die Aufmerksamkeit für den Körper. Dies gehört in den gesamten neuen Lebensstil, denn der Körper ist nicht etwas, was man »hat«, sondern etwas, was man »ist«. Und der fordert jenseits der 40 mehr und mehr Aufmerksamkeit. Ich spreche in diesem Zusammenhang gerne von der »Leiblichkeit« unseres Lebens. Es ist wichtig, auch darin »gut« zu werden, und zwar sowohl durch Anspannung und Herausforderung (Sport!) als auch durch Entspannung, durch gewählte Ernährung, so dass man sich im wahrsten Sinne des Wortes »wohl in seiner Haut« fühlt. Auch das geht nicht von selbst, aber die Anstrengung, derer es hierin bedarf, ist nur eine anfängliche; sobald sich eine gewisse Gewohnheit eingestellt hat, wird sie, so wie bei den Alltagsritualen, zu etwas, was einem auch ein bisschen Schutz und Heimat bietet – und führt nicht selten zur positiven Ausstrahlung eines Menschen, der mit seinem Körper Frieden geschlossen hat. Dabei hilft es, wenn man ab und zu in sich hineinhorcht, um zu spüren, was der Körper jetzt wirklich braucht, wonach er *wirklich* verlangt.

Dunkle Momente

Zwischendurch aber tauchen immer wieder wie aus dem Nichts Momente auf, in denen einem der Mut in die Schuhe sinkt, in denen sich die Zukunft in Grautöne hüllt und die Gegenwart erdrückt. Betrachten Sie solche Momente als Übungsstunden, in denen das noch einmal durchgenommen und wiederholt wird, was Sie im Grunde bereits hinter sich gelassen haben. Im Nachhinein wird sichtbar, dass darin genau der »Sinn« solcher Momente liegt: Indem man durch sie hindurchgeht, wird man Schritt für Schritt stärker. Am Ende sind sie einem so vertraut, dass sie ihren Schrecken verlieren. Durch solche Momente hindurchzugehen heißt, ihnen nicht aus dem Weg zu gehen, sie als dunkle Momente zu registrieren mit allen dazugehörigen Gefühlen und Gedanken. Ähnlich wie im Umgang mit der Angst ist es wichtig, diese Momente nicht zu ignorieren, sondern als jetzt zu mir gehörig anzunehmen, sich selbst darin mit Nachsicht zu begegnen, sie aber andererseits nicht zu kultivieren oder sich in ihnen zu verlieren. Das Bewusstsein, dass sie nicht ewig dauern und »gleich wieder vorbei« sind, kann sie ein wenig mildern. Tatsächlich aber muss man in solchen Momenten wieder voll zurückschalten, den Schritt verlangsamen und verkleinern, sich auf den Fortschritt in Zentimetern oder vielleicht auch nur auf Schadensbegrenzung durch einen begrenzten Rückschritt einstellen und so »durchkommen«. Oft genug ebben solche Momente wie Stimmungen ab, oder sie sind ebenso plötzlich und grundlos verschwunden, wie sie gekommen sind – Nachwehen, die das neu entstandene Leben nicht mehr aufhalten können, wenn man sie durchhält.

Eine oft vorkommende Form der »dunklen Momente« liegt in dem Gefühl, nirgendwo mehr einen Platz zu haben, nirgends mehr richtig zu Hause zu sein, fast überall herauszufallen und gleichsam über den Rand der Welt hinwegzufallen in einen Raum, der dunkel ist, in dem man schwebt und in dem es keinen Fixpunkt gibt. Oft genug entspricht diesem Gefühl auch die konkrete Realität, z.B. dadurch dass der Freundeskreis sich nach und nach aufgelöst hat, dass man gezwungen ist, umzuziehen und sich in eine neue Umgebung einzuleben, dass der gewohnte Kreis von Kollegen und Kolleginnen am Arbeitsplatz wegfällt oder für »echte« Probleme nicht erreichbar ist. Die Ursache für die dunklen Momente liegt jedoch, wenn man es ganz ehrlich betrachtet, nur zu einem Teil in den äußeren Umständen und nur zu einem recht geringen Teil in den anderen Menschen, auch wenn man scheinbar immer wieder Dinge findet, bei denen »die anderen« oder »die Umstände« schuld sind. Im Grunde aber *folgen* diese äußeren Bewegungen der eigenen inneren Entwicklung, nicht umgekehrt. Diese innere Entwicklung besteht ja tatsächlich in einem Wandel der gesamten Persönlichkeit, in der jetzt andere Aspekte mehr in den Vordergrund treten und wieder andere mehr in den Hintergrund rücken. Das Gefühl, sich selbst manchmal nicht mehr wiederzuerkennen, wirkt auch nach außen. Man ist »anders« geworden, nicht unbedingt besser oder schlechter, aber es hat eine grundlegende Veränderung stattgefunden, deren Entwicklung noch lange nicht beendet ist. Gerade in dem Moment, da man sich innerlich und äußerlich »aufrappelt«, wieder neuen Tritt zu fassen sucht, wird einem deutlich bewusst, dass jede echte tiefgreifende Entwicklung der Persönlichkeit einen zunächst einmal isoliert, weil sie tief im Innern der Person stattfindet und ihre Resultate neu und ungewohnt nach außen dringen. Wenn man derart in der Krise steckt, hat man vielleicht die Neigung, sich trotzig zurückzuziehen oder sich von Angst gelähmt noch weiter zu isolieren, sich nicht mehr auf die Straße zu wagen u.Ä. Tun Sie das bitte nicht! Gehen Sie raus aus der Opfer-Rolle: Sie sind nicht das hilflose Objekt, das einer Entwicklung ausgeliefert ist, sondern Sie sind das Subjekt dieser Entwicklung, selbst dann, wenn sich darin etwas an Ihnen vollzieht, das Sie nicht im Griff oder unter Kontrolle haben. Gehen Sie in kleinen Schritten »neu« nach draußen, versuchen Sie, auch mal neue Menschen kennenzulernen, z.B. indem Sie einfach mal dem nachgehen, was Sie wirklich gerne tun und was Ihnen guttut, auch wenn es vielleicht nicht Ihrem bisherigen Selbstbild entspricht. Gerade dort, wo man sich – zumindest ansatzweise – in seiner Haut wohlfühlt, fällt es auch weniger schwer, andere Menschen kennenzulernen, Bekanntschaften zu knüpfen und Freundschaften zu schließen. Auch freundschaftliche Beziehungen haben ihren Zeitpunkt, manche halten, viele aber gehören zu einer bestimmten Lebensperiode, und die fängt bei Ihnen gerade neu an.

Es erfordert einige Zeit, sich in eine neue Situation einzuleben; keine Zeit passiven Abwartens, sondern eine Zeit des aktiven Suchens und Gestaltens. Aber auch dann braucht man sicher ein bis zwei Jahre (!), bis man das Gefühl hat, einigermaßen zu Hause und »bei sich« zu sein. Schon die gar nicht so absonderliche Veränderung, die beispielsweise ein Umzug in eine andere Stadt mit sich bringt, braucht eine gewisse Zeit der Umstellung und Eingewöhnung, wobei in einer Lebenskrise in der Regel erschwerend hinzukommt, dass man allein ist, wobei man sich dann auch zu zweit, vielleicht mehr noch, allein erfahren kann.

Zur Unterstützung

Genau genommen ist das, was ich in diesem Kapitel beschrieben habe, bereits ein ganz praktischer Übungsweg. Die folgenden Hinweise und Gedanken sind also zusätzliche Elemente zur Unterstützung, die aber keineswegs vom konkreten Neuaufbau ablenken oder an dessen Stelle treten sollen. Sie dienen also lediglich der Förderung der inneren Kräfte und als eine zusätzliche Orientierung, als Hilfestellung im praktischen Bereich.

Tagesablauf

Zunächst geht es um eine einfache Reflexion: Schreiben Sie einmal auf, wie Ihr Tag zum jetzigen Zeitpunkt von morgens früh bis abends spät abläuft.

Danach schreiben Sie auf, wie er früher in der Regel ablief, bevor die Zeichen Ihrer »Midlife« sichtbar wurden. Versuchen Sie dabei, so detailliert wie möglich zu sein, indem Sie genaue Zeiten eintragen und die einzelnen Posten ziemlich genau definieren.

Vergleichen Sie die beiden Tagesabläufe miteinander:

- Was war Ihnen früher wichtig?
- Welches sind die konkreten Veränderungen im jetzigen Tagesablauf im Vergleich zu dem früheren?
- Sind Sie mit der jetzigen Tagesstruktur zufrieden? Was ist gut, was ist eher unbefriedigend für Sie?
- Worauf liegt der Schwerpunkt Ihrer jetzigen Tageseinteilung? Sind Sie damit einverstanden, dass dies so ist?
- Enthält Ihre Tagesstruktur ausreichend Elemente der

körperlichen und geistigen Regeneration (z.B. Sport, Lesen)?

- Was tut Ihnen in Ihrem Tagesablauf besonders gut, stimuliert und inspiriert Sie?

Als Drittes schreiben Sie bitte auf, wie Sie sich Ihren Tagesablauf für die Zukunft wünschen. Dabei ist es gut, wenn man die Phantasie zunächst einmal nicht von allen möglichen Sachzwängen einschränken lässt. Schreiben Sie ruhig einmal auf, was für Sie ein idealer Alltag wäre, wohlgemerkt ein Alltag, der in dieser Form über Jahre hinaus Fortbestand haben könnte. Eine urlaubsmäßige Vorstellung (»morgens nie aufstehen und abends nie ins Bett müssen«) mag für begrenzte Zeit sehr verlockend sein, hält aber dem Alltag auf Dauer nicht stand. Machen Sie sich klar, worauf Sie besonderen Wert legen, was Ihnen besonders wichtig wäre in einem »gesunden« Tagesablauf. Lassen Sie sich dabei nicht beirren von dem Gedanken, dass dies sowieso nicht zu realisieren sei, sondern nehmen Sie sich jetzt einmal die Freiheit, gleichsam rücksichtslos dem nachzuspüren, was Sie wirklich gerne möchten. Malen Sie sich das so konkret wie möglich aus, setzen Sie das, was Ihnen wichtig ist, in eine Tagesstruktur um.

Die Frage danach (nicht vorher!) ist: Was genau hindert Sie daran, so zu leben, wie Sie es gerne möchten? Natürlich gibt es Dinge, an denen man nicht vorbeikommt, wie z.B. das Aufkommen für den Lebensunterhalt. Dies bedeutet aber nicht automatisch, dass dies wirklich alles bestimmen muss; die Sachzwänge lassen sich mit etwas Phantasie durchaus zurückdrängen zugunsten dessen, was Ihnen für Leib und Seele wichtig ist – es ist nicht selten eine Frage der Gewichtung, der Prioritäten. Wenn Sie also einige Hinderungsgründe erkannt und benannt haben, können Sie immer noch kreativ damit umgehen, indem Sie sie innerlich auch einmal für ein paar Minuten Ihren Wünschen unterordnen, an den scheinbar ewigen Grundfesten rütteln und darüber nachdenken, ob sie tatsächlich so unbeweglich sind, wie sie scheinen mögen. Sie werden sehen, dass alleine schon dieses Losrütteln in der Phantasie das eine oder andere in Bewegung bringen kann.

Wenn es bei Ihnen jedoch so ist, dass Sie mehr oder weniger völlig durch vorgegebene Strukturen eingebunden sind, dann liegt die Vermutung nahe, dass dies einhergeht mit einer eher depressiven Grundstimmung, die sagt: »Es geht ja doch nicht.« In diesem Falle wäre es wichtig, sich ehrlich einzugestehen, welchen Vorteil (!) man daraus hat, dass diese Situation so fortbesteht, und welches Bedürfnis bei Ihnen selbst dahintersteckt, das durch diese Situation zufriedengestellt wird. So kann z.B. eine tiefe Angst vor Veränderung einem Bedürfnis nach Geborgenheit entsprechen, das vielleicht auch auf eine ganz andere Art und Weise und in einem viel kreativeren Tagesablauf erfüllt werden könnte. Auch eine nicht eingestandene Beziehungsangst kann einen kreativen Prozess behindern. Oft hilft es schon, sich dies im Einzelnen einzugestehen, um den blockierenden Effekt zu lösen und mit dem vorhandenen Bedürfnis umgehen zu lernen.

Inspiration

Die zweite Anregung ist ebenfalls eine kurze Reflexion; sie besteht nur aus einer einzigen Frage:

- Wer oder was inspiriert mich? Oder anders formuliert:
- Wo finde ich meine Inspiration?

Suchen Sie das heraus, was Sie in Vergangenheit und Gegenwart innerlich weitergebracht hat bzw. weiterbringt, was Sie nicht nur oberflächlich begeistert, sondern völlig mitreißt, oder was Sie zumindest ansatzweise in Begeisterung versetzt und in Bewegung hält. Das können andere Menschen sein, ebenso die Lektüre bestimmter Bücher oder der Besuch von Kursen oder Vorträgen. Es kann aber auch die Stille z.B. in einer Kirche oder bei einem klassischen Konzert sein oder bestimmte Orte, die für Sie eine Bedeutung haben. Gehen Sie dem nach, ob diese »Inspirationsbrunnen« auch heute noch wirksam sind und ob sie für die Zukunft taugen könnten.

- Welchen Platz haben diese Inspirationsbrunnen in Ihrem Tagesablauf oder in einem Wochen- oder Jahresplan?
- Was haben Sie konkret dafür übrig, diese Brunnen weiter zu erschließen?
- Neben der Inspiration ist es auch wichtig, den Körper fit zu halten. Auch hierzu die Frage, welchen Platz dies in Ihrem Tagesablauf einnimmt und was Sie konkret dafür übrig haben.

Kraftquellen

Die dritte Übung zu diesem Kapitel besteht im Nachdenken über einige Fragen, die im Zusammenhang mit dem Entdecken der eigenen Kraftquellen stehen. Es empfiehlt sich, diese Fragen schriftlich für sich zu beantworten und sich für ihre Beantwortung ruhig mehrere Tage Zeit zu nehmen, in denen man sich und den eigenen Alltag unter diesem Aspekt beobachtet und so womöglich zu neuen Entdeckungen kommt:

- Über welche Möglichkeiten verfüge ich, mich zu entspannen?
- Wer oder was gibt mir Kraft? Was tut mir wirklich gut?
- Worauf hoffe ich in meinem Leben?
- Welche »nährenden« Beziehungen (d.h. solche, aus denen ich Kraft schöpfe) unterhalte ich?

Eine mögliche Unterscheidung *nach* der Beantwortung der Fragen ist die zwischen den Kraftquellen, die von außen kommen oder die außerhalb liegen, und denen, die im eigenen Innern zu finden sind. Wenn Sie (fast) nur Quellen der einen Art benannt haben, können Sie noch eine Zeit gezielt nach Kraftquellen der anderen Art suchen.

Kontakt aufnehmen

Es folgt eine praktische Übung, um sich konkret in die neu entstandene Situation einzuleben. Nichts ist mehr wie vorher, wenn auch vielleicht äußerlich manches so erscheint, aber es hat sich durch den Umbruch grundlegend geändert, *Sie* haben sich geändert! Sehr oft ist es dann so, dass der bestehende Freundes- und Bekanntenkreis nicht mehr weiter existiert. Das ist eine völlig normale Entwicklung. Bestimmte Menschen gehören wie erwähnt zu bestimmten Lebensabschnitten, und wenn ein neuer Lebensabschnitt beginnt, dann sind es ganz oder teilweise andere Menschen, mit denen man darin umgeht.

Für viele stellt sich die Frage auf einmal ganz neu: Wie kann ich neue Bekannte und Freunde gewinnen? Wie fängt man so etwas an?

Wichtig dabei ist Folgendes: 1. Es muss klar sein, *was* man denn anfangen will, *was* man sucht und *was* man erreichen will, und zwar so bestimmt wie möglich. Wenn die Antwort ganz klar ist und dann z.B. lautet: »Ich suche Anschluss« oder »ich möchte einen neuen Bekanntenkreis finden« oder »ich suche eine(n) neue(n) Lebenspartner(in)« oder »ich will erst einmal ohne feste(n) Partner(in) alleine leben lernen«, wenn also das *Was* so weit wie möglich geklärt ist, dann erst kann man die Frage nach dem *Wie* stellen. Solange noch nicht geklärt ist, *was* man sucht, so lange hat die Frage nach dem *Wie* hauptsächlich die Funktion, einen konkreten Fortschritt zu blockieren, denn die Frage »wie soll ich das denn machen?« ist in den meisten Fällen das Jammern darüber, dass es ist, wie es ist. Zunächst also sollte man ganz genau klären, *was* man denn machen oder erreichen will. In einem Wort: Die Ursache für ein unmögliches *Wie* ist ein ungeklärtes *Was*.

2. Die Frage danach, wie man so etwas anfängt, ist eine *praktische* Frage, und sie ist *nur* praktisch, also durch Tun zu beantworten, nicht durch theoretische Überlegungen. Man muss einfach mal konkret etwas *tun*, irgendwo anfangen, einen Schritt machen. Das kann man üben. Dazu hier eine Anregung:

Wenn Sie neue Bekannte suchen, dann wählen Sie sich probeweise eine Person (z.B. einen Nachbarn) oder einen Kreis (z.B. einen Sportclub) aus, an der (dem) Sie ein gewisses Interesse haben, und nehmen Sie gewollt und geradlinig Kontakt auf, indem Sie auf die betreffende Person zugehen und ihr sagen: »Mein Name ist ..., ich bin neu hier in der Gegend und ich möchte gern Kontakt zu Ihnen aufnehmen«, oder bei einer Gruppe: »Mein Name ist ..., ich interessiere mich für ... und möchte fragen, ob ich einfach einmal bei Ihnen mitmachen darf.«

Es mag sein, dass dieser Weg (»mit der Tür ins Haus fallen«) Ihnen zu direkt vorkommt und Sie sich genieren. Was haben Sie denn zu verlieren? Ihr Gegenüber mag überrascht sein, aber das Schlimmste, was passieren kann, ist, dass Ihr Gesuch abgelehnt wird – dann wissen Sie wenigstens, woran Sie sind. Die Erfahrung lehrt aber, dass dies nur in ganz wenigen Fällen so ist. Die meisten Menschen reagieren mit wohlwollender Neugier, manche sind regelrecht froh, dass sich mal jemand über bestehende Grenzen und Schwellen hinwegsetzt und zu ihnen findet. Probieren Sie's doch einfach mal aus!

Wenn die Kraft zu großen Schritten fehlt,
dann macht man eben kleine.

Ich kann leben!

Real life

Langsam erwacht das Bewusstsein, das sagt: »Ich lebe!«
Doch manchmal ist es, als ob man noch einmal ganz neu
laufen lernen müsse. Es ist eine Illusion, dass man alles
beherrschen, alles vorhersehen, sich gegen alles versichern
kann. Diese Illusion kann man getrost hinter sich lassen,
ohne damit am anderen Ende einer romantisierten und
blauäugigen Naivität zu verfallen in dem Sinne, dass alles sich schon fügen wird, alles einen Sinn hat und am Ende alles gut wird. Die Realität war noch nie so »real«, so
direkt, so nahe, wie sie mir jetzt ist. Es geht darum, dieses Leben, so wie es ist, auf sich zu nehmen, Ernst zu machen, obwohl eigentlich die Kraft für große Schritte fehlt.
Doch wenn die Kraft für große Schritte fehlt, dann muss
man eben kleine Schritte machen. Und siehe da: Es geht.
Nicht immer und nicht jeden Tag gleich gut, aber die Zeit
der Bewegungslosigkeit, der alles umfassenden Lähmung
ist vorbei.
Es ist in dieser Zeit, mitten im Leben, innerlich etwas ge-
wachsen, das mir jederzeit die Möglichkeit gibt, in den
Schutzraum des eigenen Inneren zurückzugehen, mich zu
sammeln, die eigenen Fundamente zu spüren und wieder
hinauszugehen. Aber es ist wichtig, sich nicht zu lange in
der Höhle, in der Geborgenheit des eigenen Inneren und
der Isolation nach außen, zu verschanzen. Verweilen ist
gut – hängenbleiben nicht. Der Unterschied liegt in der

Dynamik: Zum Verweilen gehört das Zulassen aller Gefühle und Gedanken und der Umgang, die Arbeit damit, um damit wieder nach außen zu gehen. Beim Hängenbleiben gibt nach und nach Trägheit oder Mutlosigkeit den Ton an. Es kann sogar passieren, dass man von sich selbst und den eigenen Entwicklungen derart fasziniert ist, dass man in reine Selbstbetrachtung verfällt und gar nicht mehr merkt, dass keine Bewegung nach außen mehr stattfindet.

Erwachsen

Das eigene Leben auf sich nehmen, ernst nehmen, verantwortlich einstehen für das, was geschieht und nicht geschieht – im Grunde sind es Dinge, die jeder Mensch erlernt, sobald er sich anschickt, erwachsen im Leben zu stehen. Es mag komisch klingen, aber eine solche Midlifecrisis lässt einen erwachsen werden, selbst dann, wenn man es vorher schon war, auf eine andere Art, weniger reif. Man hat – manchmal – das Gefühl, jetzt erst »richtig« erwachsen geworden zu sein, und sieht plötzlich, wie wenig Menschen diesen Grad des Erwachsenseins, der inneren Reife und Verantwortung tatsächlich erreichen und nicht in Illusionen hängenbleiben oder in Dinge verstrickt sind, die ihnen eine persönliche Reifung unmöglich machen. Jetzt gilt es, in kleinen Schritten das eigene Zuhause in Ordnung zu bringen, bei sich selbst weiter heimisch zu werden, die eigene Begrenztheit und Endlichkeit anzuerkennen und sich auf dieser Basis immer mehr und neu zu öffnen, neue und andere Beziehungen zuzulassen. Es erfordert Anstrengung, das zu tun, und es gibt keinen, der einem diese Arbeit abnehmen könnte. Jetzt sind es weniger Ängste, die ein Voranschreiten behindern, sondern die nur langsam wachsende Kraft und die nicht selten fehlende Weitsicht. Letzteres ist kein intellektueller Mangel, sondern Teil dieses Prozesses. Es gibt Tage, da schleppt man sich regelrecht weiter, an anderen Tagen geht es leichter. Es ist, als ob man sich an eine Last gewöhnen müsse, mit der man für den Rest des Lebens beladen ist. Das scheint aber nur so, denn mit zunehmender Gewöhnung wird die »Last des Lebens« tatsächlich geringer, d.h., sie wird nicht nur als geringer empfunden, sondern die inneren und äußeren Schwierigkeiten nehmen auch tatsächlich ab, und die Kraft wächst in dem Maße, wie man bereit ist, sich dem hinzugeben.

Ebenso wichtig wie das Bemühen, nicht hängenzubleiben, sondern in der Entwicklung voranzuschreiten, ist auf der anderen Seite das Gebot der Vorsicht, dass man nicht zwei Schritte auf einmal macht. Es bedarf in dieser Phase einer gewissen Gelassenheit und Zuversicht, die nur manchmal und in sehr unregelmäßigen Abständen Bestätigung erhält. Aber die Kraft für die Bewegung kommt nicht mehr nur von außen, das eigene Innere ist bei diesem Wandel auch stärker geworden. Obwohl oft genug das Gefühl vorherrscht, zu wenig oder gar keine Kraft mehr zu haben, kann man im Rückblick zugleich feststellen, dass einen jetzt so schnell nichts mehr aus der Bahn wirft – trotz eines subjektiv nur mühsam gehaltenen Gleichgewichts. Das merkt man z.B. auch daran, dass »Rückfälle«, von denen anfangs die Rede war, kaum mehr auftreten, und wenn, dann nur für eine kurze Zeit. Manchmal aber sorgt das Gefühl, nicht recht vom Fleck zu kommen, für Verstimmung und lässt einen ungeduldig werden. Lassen Sie sich davon nicht irritieren, sondern gehen Sie unbeirrt weiter. »Du *kannst* leben!« lautet die Botschaft, die für diese Phase bestimmend ist. Widerstände, die von außen kommen, dienen im Endeffekt zur Stärkung, sie schärfen den Blick für das, was man wirklich will und wofür man bereit ist, sich einzusetzen. Die Zeit, da man entwicklungsmäßig die Dinge gleichsam geschenkt bekam, ist jetzt anscheinend vorbei, obwohl auch das eine Frage der Perspektive ist, wie man im Nachhinein oftmals feststellt. Egal, jetzt muss im eigenen Erleben jeder Zentimeter neu erobert werden. Oft ist es jedoch kein Kampf im äußeren Bereich mit widrigen Umständen, sondern vielmehr ein Kampf mit dem eigenen Inneren. Jedes überwundene Hindernis macht stärker. Dass es geht, merkt man aber erst, wenn man geht. »Miss nie des Berges Höhe, ehe du den Gipfel erreicht hast. Dort wirst du sehen, wie niedrig er war«, schrieb der ehemalige Generalsekretär der Vereinten Nationen, Dag Hammarskjöld, in seinen Tagebuchaufzeichnungen, die unter dem Titel »Zeichen am Weg« weltberühmt geworden sind.[7] Es gibt auch Rückschläge, kleine oder größere Niederlagen, die man hinnehmen, Kompromisse, die man eingehen muss. Aber die Kraft reicht aus, voranzuschreiten, von Tag zu Tag.

Woher kommt diese Kraft? Zum einen scheint sie plötzlich und unmotiviert da zu sein, genauso wie sie gleichfalls unmotiviert zu schwinden droht. Aber insgesamt setzt sie sich durch, auch wenn sich ihr Kommen und Gehen scheinbar dem direkten eigenen Einfluss entzieht. Sie stammt zum Teil aus dem eigenen Überlebenswillen (»ich *muss* leben«), aber auch aus einer nicht immer klar spürbaren Zuversicht, dass es irgendwie, irgendwo trotzdem noch Sinn hat zu leben (»ich *soll* leben«), wobei äußere

Faktoren wie der Familien- und Freundeskreis oder eine Herausforderung in der Arbeit stark motivierend sind, wenn auch letztendlich nicht entscheidend, denn der Antrieb kommt aus dem Innern, aus der von Viktor Frankl, dem Vater der Logotherapie, so benannten und viel zitierten »Trotzmacht des Geistes«. Dabei spielt jedoch noch etwas anderes eine wichtige Rolle, nämlich die innere Auseinandersetzung mit dem Sinn, dem transzendenten Inhalt des Lebens selbst. Religiös-gläubige Menschen erleben dies als eine Auseinandersetzung mit Gott bzw. mit ihrem Bild von Gott, andere eher in Begriffen von übersteigenden Kräften oder einem vagen Gefühl, trotz allem »irgendwie geborgen« zu sein.

Platzwahl

In der Lebensmitte findet so etwas wie eine grundlegend neue Ortsbestimmung statt. Manches wird revidiert, vieles relativiert, anderes bestätigt, aber am Ende steht die Entwicklung einer neuen Weltsicht, eines reiferen Glaubens, der trägt – man hat wie Noach nach dem Wegebben der Fluten nach und nach wieder festen Boden unter den Füßen. Die Arche hat aufgesetzt, und man schickt sich an, hinauszuklettern und die Erde wieder bewohnbar zu machen.

In der Praxis bedeutet dies, dass man noch weite Wege zu gehen hat. Diese Wege sind nach wie vor sehr einsame Wege – was man sich und anderen nicht zum Vorwurf machen sollte, denn es handelt sich tatsächlich um Wege, die jeder Mensch für sich alleine gehen muss. Man lernt in dieser Einsamkeit, so unangenehm sie manchmal auch ist, mehr und mehr in Einklang mit sich selbst zu sein, auf die eigenen Gefühle, Gedanken und Empfindungen zu achten, sie zu identifizieren und zu ihnen zu stehen. Auch dann, wenn man zeitweilig in Alltagsroutine fällt, kann man jetzt jederzeit innerlich ein wenig Abstand dazu gewinnen und wieder zum Einklang mit sich selbst finden. Wichtig dabei ist, dass man die Entwicklung, die sich jetzt vollzieht, nicht als eine Vorphase von irgendetwas anderem betrachtet, was in der Zukunft als Erfüllung kommen wird – das wäre eine Illusion –, sondern den jetzigen Augenblick als das erkennt, was er ist: die Fülle des Lebens in seiner jetzigen Gestalt. Es gibt nichts Lebendigeres als den momentanen Augenblick. Es ist nicht (mehr?) so, dass diese Zeit den Sinn hat, eine irgendwie geartete »bessere« Zukunft herbeizuführen. Das ist der entscheidende Punkt der »Midlife«: Die Zukunft ist jetzt! Ich muss *jetzt* leben, in diesem Augenblick, mit all dem, was mir zur Verfügung steht. Die »Lehrzeit« ist vorüber. Natürlich gibt es nach wie vor Entwicklungen, und es hat nach wie vor Sinn, sich für ein Ziel einzusetzen, aber das Leben kann und darf nicht mehr auf morgen vertagt werden: Jetzt, in diesem Augenblick, gilt es zu leben.

Dies bedeutet auch, dass man die Verbindung zur Vergangenheit nach und nach wiederherstellt – nicht als eine Rückwärtsbewegung, sondern als eine auf die Zukunft ausgerichtete Bewegung in der Gegenwart, bei der es gilt, sich selbst, sein eigenes Leben *ganz* aufzugreifen und mitzunehmen. Nehmen Sie sich ruhig einmal die Zeit, aus der Distanz heraus an schöne Momente der Vergangenheit zurückzudenken, in ihnen Kraft zu spüren und sie gleichsam mit hinüber in die Gegenwart zu nehmen, ohne in ihnen zu versinken. Auch das sind Sie, es gehört zu Ihnen – als Vergangenheit, als etwas, das endgültig hinter Ihnen liegt, vergangen, nicht verloren. Das, was war, lässt sich nicht ändern oder zurückholen, aber man kann versuchen, sich damit auszusöhnen, wie es war, und damit, dass es jetzt vorbei ist. Die Aussöhnung beginnt damit, dass man *aus der Distanz heraus* an die Vergangenheit zurückdenken und sie auf diese Art etwas objektiver (d.h. als Objekt) betrachten kann, sie dadurch nach und nach klärt und auf sich nimmt. Eine Übung dazu finden Sie im Arbeitsteil zu diesem Kapitel.

Zur Unterstützung

Selbstwertgefühl

Als Erstes möchte ich mit Ihnen gemeinsam über etwas nachdenken, was im Laufe der krisenhaften Entwicklung dieser vielen Monate manchmal sehr stark zu leiden hatte, das durch Angst und Unsicherheit beeinträchtigt und regelrecht angeknackst wurde: das Selbstwertgefühl. Das Gefühl, dass man selbst auch jemand ist, etwas kann, dass man da sein darf (und nicht nur da sein muss oder soll). Nicht selten ist es ja tatsächlich so, dass man vorübergehend sagen muss: »Ich habe eigentlich niemanden mehr, für den ich wichtig bin.« Deshalb ist es gut, sich einmal auf den Wert, den man vor und für sich selbst hat, das *Selbst*wertgefühl zu konzentrieren. Das Gefühl, etwas wert zu sein, kommt nicht mehr (oder in weitaus geringerem Maße als vorher) von anderen, von außen, es muss aus dem eigenen Innern heraus entwickelt werden. Ein eigenes Selbstwertgefühl zu entwickeln bedeutet somit auch, dass man weniger abhängig von der Bestätigung anderer wird. Ziel ist nicht eine absolute Autonomie und Souveränität, sondern eine *relative*, d.h. rückbezügliche, eine »in Beziehung (lat.: *relatio*) stehende«. Mit anderen Worten: Es geht beim Selbstwertgefühl nicht um etwas, was ein für allemal so ist, sondern um etwas, was ständig in Bewegung, im Auf und Ab ist, was aber dennoch einen gewissen Grundstandard erreicht, den man als Selbstständigkeit (»selber stehen können«) bezeichnen kann. Schon die Bewusstwerdung, dass man das Gefühl für die eigene Wertschätzung nicht mehr (allein) an dem festmachen kann, was von außen und von anderen kommt, hilft dabei, sich in eine andere Richtung zu orientieren. Das Gefühl für den Wert meines Lebens muss ich also an anderen Dingen festmachen. Der wichtigste Faktor dabei ist die Authentizität, d.h. dass das, was ich lebe, mehr und mehr auch mir selbst, meinem Denken und Empfinden entspricht. Wichtig ist auf jeden Fall ein regelmäßiges Innehalten und Überprüfen dieses Zustands. Der Einklang mit sich selbst – auch wenn er oft nur ansatzweise gelingen mag – ist der wichtigste Brunnen des Selbstwertgefühls.

Das Zweite, was dabei eine wichtige Rolle spielt, ist die Frage danach, was mir tatsächlich etwas *wert* ist: Wer und was ist mir im Leben wirklich wichtig? Wofür lohnt es sich, mich einzusetzen? Was will ich »erreichen« in meinem Leben, was habe ich zu lernen? Oder ganz anders: Was bin ich mir selbst wert? bzw.: Bin ich mir selbst auch etwas wert? In dem Maße, wie die Antworten auf solche Fragen klarer und positiver werden, steigt das Selbst*wert*gefühl: Ich *weiß*, dass ich mir auch selbst etwas wert bin; ich weiß, wofür ich eintreten möchte und wofür nicht, auch wenn ich inzwischen realistischer geworden bin bezüglich der Erreichbarkeit meiner Ziele. Aber ich will bewusster leben, mein eigenes Leben ist auch etwas wert, ich will es so leben, dass es *lebenswert* ist.

Der dritte Wortteil schließlich weist auf das *Gefühl* für den Selbstwert. Gefühl lässt sich nicht einfach rational über Einsichten steuern, es ist nicht direkt »produzierbar«. Es entsteht nach und nach, wenn man sich selbst darin gut zuhört und dem nachgeht, was man wirklich empfindet, und sich seine Gefühle auch dann eingesteht, wenn sie unpassend erscheinen. Alleine schon das Entdecken und Benennen dessen, was man selbst fühlt, führt zu einer Steigerung des Selbstwertgefühls, denn man kann besser zu etwas stehen, was man sich eingesteht und klarmacht; man kann dafür aufkommen, man hört auf, seine Gefühle (und damit sich selbst) unter den Teppich zu kehren.

Übrigens braucht man keine Angst zu haben vor einem Zuviel an Selbstwertgefühl, was dann womöglich zu Selbsteingenommenheit und Arroganz führen könnte. Arroganz entsteht nicht durch ein übertriebenes Selbstwertgefühl, sondern im Gegenteil durch Verleugnung der eigenen Gefühle (»da stehe ich drüber«), also gerade nicht durch intensive Wahrnehmung. Dass man von sich selbst eingenommen erscheinen mag, ist ebenfalls eine Frage des richtigen Zuhörens: Wer lernt, sich selbst zuzuhören, wird automatisch auch anderen besser zuhören können, er wird die Gefühle in und hinter den Worten immer besser wahrnehmen. Die respektvolle Wertschätzung der eigenen Person steht nicht im Gegensatz zur Wertschätzung anderer: Man ist nicht dadurch wertvoller bzw. sich selbst etwas wert, weil andere es weniger sind. Dies käme einer (negativen) Wertschätzung von außen gleich, indem man eben nicht den *Selbst*wert meint, sondern den eigenen *Vergleichs*wert taxiert.

Selbst-Wert-Gefühl ist Ausdruck eines ruhigen Bei-sich-Seins. Gerade die Zeit der Midlifecrisis birgt die Chance in sich, zu einem ausgewogenen Selbstwertgefühl zu finden, weil die Krise und der erlittene Verlust bereits zu einer Desillusionierung geführt haben. Man lässt sich dann nicht mehr so schnell etwas vorgaukeln, rennt nicht mehr so einfach den Illusionen nach, die uns tagtäglich angeboten werden und die unweigerlich zu Enttäuschungen führen. Eine »Ent-Täuschung« ist im wörtlichen Sinne die Aufhebung einer vorhergehenden Täuschung. Darum weiß man als Mensch in der Midlifecrisis viel besser als vorher, was wirklich wichtig ist und was nicht.

Auf eigenen Füßen stehen

Hierbei handelt es sich um eine etwas spielerische Übung, die zum Austausch in einer Gruppe oder im Freundeskreis geeignet, aber auch alleine sehr leicht durchzuführen ist. Sie soll anschaulich machen, womit Sie jetzt im Leben stehen, was Ihre Selbstständigkeit, Ihr Selber-stehen-Können, konkret beinhaltet und ausmacht.

Nehmen Sie sich zwei DIN-A4-Blätter, legen Sie sie auf den Boden, stellen Sie sich barfuß darauf und zeichnen Sie darauf mit einem Filzstift die Umrisse ihrer beiden Füße nach. In den Umriss des linken Fußes schreiben Sie all das, was die Midlifecrisis und die äußeren Umstände, die dazu führten, *positiv* in Ihnen geweckt und bewirkt haben. Sie haben vielleicht entdeckt, dass Sie das eine oder andere besser ertragen konnten, als Sie dachten, dass Sie stärker waren als angenommen, dass Sie Fähigkeiten haben, von denen Sie vorher kaum etwas ahnten, dass Sie jetzt mehr Freiheit haben usw.

In die Abbildung des rechten Fußes schreiben Sie hinein, welche Kräfte, Fähigkeiten, Eigenschaften es Ihnen ermöglichen weiterzugehen und weiterzuleben. Zum Beispiel das Bewusstsein, dass Sie auch alleine weiterkommen; das Suchen und Bemühen um das, was ehrlich oder wahrhaftig ist; Ihre Zähigkeit, Ihre Geselligkeit, Ihr Humor, Ihr nüchterner Menschenverstand, Ihr gestiegener Selbstwert, Ihre Fähigkeit, neue Kontakte zu legen, Freunde zu gewinnen usw.

Was dann in den Umrissen der beiden Füße steht, ist das, worauf Sie fest stehen und wodurch Sie sich weiterbewegen können.

Vergangenheit

Denken Sie einmal zurück an Ihr Leben, wie es vor dieser Zeit war, als »die Welt noch in Ordnung« war. Betrachten Sie aber die Situationen und die Personen jetzt aus der Perspektive eines Radioreporters oder Zeitungskorrespondenten, der am Rande steht und der diese Situationen und die Personen für einen unbekannten Zuhörer bzw. Leser beschreiben soll. Beschreiben Sie ganz äußerlich, wen und was Sie sehen, und erstellen Sie so eine Reportage oder, falls Sie sich verstärkt auf eine Person beziehen möchten, ein Porträt, und zwar so, dass jemand, dem all dies unbekannt ist, es verstehen könnte. Führen Sie dies auch tatsächlich einmal aus, indem Sie auf eine Kassette sprechen oder einen »Zeitungsbericht« schreiben.

Erst wenn das geschehen ist, können Sie in einem zweiten Schritt die geschilderten Situationen und/oder Person(en) charakterisieren. Beziehen Sie ruhig auch sich selbst als »Akteur« in diese Beschreibung ein.

Der dritte Schritt besteht darin, dass Sie das, was Sie »objektiv« beschrieben haben, für sich in ein anderes Licht tauchen und es mit den Augen eines liebevollen Betrachters (Zuhörers), der für alle betroffenen Personen Verständnis hat, erneut betrachten. Versuchen Sie, alles einmal gleichsam mit Gottes Augen zu betrachten, in das Innere der Menschen zu schauen und ihre Motivation (auch Ihre eigene) in der Perspektive der Liebe zu sehen. Am Ende sagen Sie laut bzw. schreiben Sie auf: »Dies ist meine Geschichte. So, wie sie ist, will ich sie auf mich nehmen.«

Verwandlung

Zum Nachdenken ein Text von Rainer Maria Rilke[8]:

Wäre es uns möglich, weiter zu sehen, als unser Wissen reicht ..., vielleicht würden wir dann unsere Traurigkeiten mit größerem Vertrauen ertragen als unsere Freuden. Denn sie sind die Augenblicke, da etwas Neues in uns eingetreten ist, etwas Unbekanntes; unsere Gefühle verstummen in scheuer Befangenheit, alles in uns tritt zurück, es entsteht eine Stille, und das Neue, das niemand kennt, steht mitten darin und schweigt.

Wir haben uns verwandelt, wie ein Haus sich verwandelt, in welches ein Gast eingetreten ist. Wir können nicht sagen, wer gekommen ist, wir werden es vielleicht nie wissen, aber es sprechen viele Anzeichen dafür, dass die Zukunft in solcher Weise in uns eintritt, um sich in uns zu verwandeln, lange bevor sie geschieht. Und darum ist es so wichtig, einsam und aufmerksam zu sein, wenn man traurig ist: weil der scheinbar ereignislose und starre Augenblick, da unsere Zukunft uns betritt, dem Leben so viel

näher steht, als jener andere laute und zufällige Zeitpunkt,
da sie uns, wie von außen her, geschieht. Je stiller, gedul-
diger und offener wir als Traurige sind, um so tiefer und
um so unbeirrter geht das Neue in uns ein, um so besser
erwerben wir es, um so mehr wird es unser Schicksal sein,
und wir werden uns ihm, wenn es eines späteren Tages
»geschieht« (das heißt: aus uns heraus zu dem anderen
tritt), im Innersten verwandt und nahe fühlen. Und das
ist nötig.

Und jedem Anfang wohnt ein Zauber inne,
der uns beschützt und der uns hilft zu leben.

Hermann Hesse

Meinen Weg gehen

Ende der Kindheit

So eine Midlifekrise hat keinen erkennbaren Schluss-
punkt. Man kann lediglich von der Aufhebung und Integration dessen sprechen, was in ihr losgeschlagen wurde.
Dies ist jedoch etwas, was im täglichen Leben immer mal
wieder geschehen muss. Spiralenförmig kehren dieselben
Themen in immer wieder neuen Varianten zurück und
verlangen danach, verarbeitet und integriert zu werden,
so lange, bis sie durchlebt und gemildert sind. Die
Schwerpunkte verlagern sich, es gibt eine positive Weiterentwicklung, die im Grunde darin besteht, dass man
sich selbst und dem, was man wesentlich ist und sein will
oder soll, d.h. dem eigenen Lebensauftrag, näher kommt.
Man ist mehr »bei sich« und darin näher an der eigenen
Bestimmung, wenn man so will: näher bei Gott. Irgendwann spürt man rückblickend: Die Nacht ist vorbei!
Wer aber einmal eine solche Lebenskrise, wie sie hier in
den vorangegangenen Kapiteln beschrieben wurde,
durchlebt hat, der weiß, dass er fortan »lebenslänglich«
an sich arbeiten muss, dass er immer wieder an wichtigen
Lebensabschnitten auf dieselben krisenhaften Punkte
trifft und dass er nur durch Übung eine gewisse Festig-
keit darin erreichen kann. Es gibt kein Zurück in eine nai-
ve kindliche Geborgenheit. Die Midlifecrisis markiert das
Ende der eigenen Kindheit. Dies mag vielleicht auf den

ersten Blick etwas negativ oder gar bedrohlich klingen, aber es ist wie bei einem Langläufer, der ohne weiteres einige Stunden an einem Stück laufen kann, der aber wie jeder Anfänger auch auf den ersten Kilometern seinen Rhythmus finden muss, der über den Punkt hinwegkommen muss, der einen anfangs zum Aufgeben drängt, weil man meint, dass die Kraft nicht ausreicht, dass man gerade nicht in Form ist usw. Für den geübten Langstreckenläufer ist dies auf Dauer nicht mehr als eine Vorphase, ein »warming-up«, bei dem das Eigentliche erst nachher kommt – aber auch er muss jedes Mal den *ganzen* Weg zurücklegen und auch die Anfangsphasen auf sich nehmen, die jedoch nach einiger Zeit so gut wie gar nicht mehr ins Gewicht fallen – sie gehören einfach dazu, d.h., sie sind ein integrierter Bestandteil.

Das eigene Leben »danach« wird nie wieder einfach und leicht »wie früher« (was nicht heißt, dass es früher tatsächlich immer einfach und leicht war); man ist reifer, »schwerer« und damit auch standfester geworden, hat zugenommen an Lebenserfahrung, hat Wunden zugefügt bekommen, die zwar zugewachsen und verheilt sind, aber es sind auch Narben zurückgeblieben, die ab und zu schmerzen. Das wird sich nicht mehr ändern, man hat ein Stück eigene Geschichte gelebt, unrevidierbar. Aber es hat auch etwas Neues angefangen, eine neue Lebensphase, manche sprechen regelrecht von einem »neuen« Leben, worin das »vorherige« Leben integriert, aufgenommen ist und – anders – weitergeführt wird.

Ich möchte in diesem Kapitel ein paar Elemente dieses Neubeginns aufzeichnen. Der Ansatz dafür liegt da, wo man das »abholt«, was liegengeblieben ist, d.h. bei der Integration dessen, was man hinter sich gelassen hatte.

Der Rückweg

Als Kind habe ich viel mit Legosteinen gespielt. Ich baute Häuser, Garagen, Figuren und vieles mehr. Jedes Mal, wenn ich etwas Neues zusammenbaute, musste ich erst das Alte abreißen, um dann mit denselben Steinen – ergänzt um einige andere – die neue Konstruktion zu bauen. In der Midlifecrisis geschieht etwas Ähnliches: In dem, was man als »neues« Leben erfährt, sind sehr viele »alte« Elemente enthalten: Charakterzüge, Gewohnheiten, Neigungen, aber auch äußere Bestimmungen wie Wohnung oder Arbeitsplatz oder Freundeskreis usw. Das neue Haus, auch wenn es womöglich völlig anders aussieht, ist in diesem Sinne zu einem großen Teil aus den alten Steinen gebaut, die natürlich einen ganz anderen Platz bekommen haben als vorher und die in einem anderen Zusammenhang auch anders zur Geltung kommen. Ich muss mich selbst, so wie ich vor dieser Krisenzeit war, den »alten Menschen« aufnehmen und neu integrieren.

Dass dies so ist, liegt darin begründet, dass man sich selbst und seinen bisherigen Werdegang nicht einfach verleugnen kann, denn dies ist – gewollt oder nicht – ein integraler Bestandteil des eigenen Lebens, der sich nicht einfach verleugnen oder »ausradieren« lässt. Selbst wenn man mit Gewalt versucht, diese eigene Geschichte zu verdrängen und zu verleugnen, wird man feststellen, dass sie immer wiederkehrt, einen nie in Ruhe lässt, so lange, bis man sie aufgegriffen und integriert hat. Anders gesagt: Ich bin in dieser Zeit nach und nach ein anderer Mensch geworden, aber ich bin *auch* der Mensch, der ich früher war. Ich muss ja sagen zu dem, was war, ohne dass es für die Zukunft bestimmend wäre, denn ich gehe mit dem, was ich habe, was ich war und was ich bin, neue Wege. Ich habe mich losgemacht aus dem, was vorher war, und kann jetzt frei zu dem Ort zurückkehren, den ich davor verlassen habe, kann in Ruhe sehen, wie ich damals war, was wozu geführt hat, und ich kann sagen: »Ja, das alles gehört zu mir, es ist *meine* Vergangenheit, ich stehe dazu und nehme sie auf mich.«

Ähnliches gilt im Bereich der Beziehungen. Wenn zwei Menschen miteinander verbunden sind, dann kann man sich diese Verbindung bildlich vorstellen mit ganz vielen Strängen, die zwischen diesen beiden Menschen verlaufen. Wenn nun diese Verbindung gekappt wird, dann wehen all diese Stränge gleichsam lose im Wind, und man muss sie wieder einholen, aufrollen, um sich zu gegebener Zeit durch sie mit anderen Menschen verbinden zu können. Es ist ungeheuer wichtig, diese Phase des »Einholens«, des neuen Einordnens nicht zu überschlagen, d.h. sich seine Kräfte wieder »hereinzuholen«, *bevor* man sich damit nach außen kehrt. Es hat keinen Sinn, sich in eine neue Beziehung vergleichbarer Tiefe zu begeben, wenn dies nicht vorher geschehen ist. Deshalb ist nach meiner Erfahrung auch nach einer Trennung eine angemessene Zeit des »Einholens«, der Trauer, unabdingbar.

Schritt für Schritt, Stufe für Stufe

Es mag recht banal klingen, aber die Erfahrung weist aus, dass jetzt vor allem eines gefragt ist: Geduld. Geduld mit neuen Ideen, Plänen, Initiativen, Geduld vor allem mit sich selbst. Es hat wenig Sinn, plötzlich mit voller Kraft loszulegen, aus dem Gefühl heraus, dass der Weg jetzt (endlich!) frei ist, dass man es einigermaßen mit sich und der Welt aushalten kann. Die Energien sind dann schnell aufgebraucht, Müdigkeit stellt sich ein oder gar ein Gefühl, das sagt: »Du schaffst es ja doch nicht!"

Wichtig ist jetzt, mehr und mehr frei zu werden, offen zu sein, erst einmal ohne ein klares Ziel vor Augen zu haben. »Sich öffnen«, »zu-lassen«, »nahe sein« – das sind Worte, die jetzt Orientierung bieten, nicht auf die Vergangenheit gerichtet, sondern ganz und gar auf die Gegenwart: neugierig wie ein Kind auf das, was gerade im Moment geschieht; sich selbst und allem nahe, was jetzt da ist. Denn das, was von der Entwicklung her ansteht, ist etwas, was Sie bislang noch nicht selbst bedacht haben, es ist wirklich neu – und Sie selbst haben sich verändert, sind nach und nach ein »neuer« Mensch geworden.

Betrachten Sie sich doch einmal aus einem gewissen Abstand heraus: Sie sind anders als vorher, gehen anders mit Dingen um, gehen anders auf Menschen ein – auch wenn Sie's vielleicht noch gar nicht so recht wahrhaben können. Wenn Sie sich selbst so betrachten, ist es gar nicht dumm oder eitel, einmal laut oder still für sich zu sagen: »Ja, ich gefalle mir eigentlich so, wie ich jetzt bin!« Das gibt eine gewisse innere Ruhe, es fördert die Geduld, denn Sie wollen und sollen auf neuen Wegen gehen, eben da, wo Sie sich noch nicht so genau auskennen. Auch wenn Ihnen bekannte Dinge begegnen, reagieren Sie inzwischen etwas anders darauf. Natürlich ist nicht plötzlich alles neu, aber wenn Sie einmal auf die vergangene Zeit – es sind vielleicht ein, zwei oder fünf Jahre – zurückschauen, dann werden Sie erkennen, dass nichts mehr wie vorher ist. Hermann Hesse spricht vom »Zauber«, der in jedem Anfang steckt – genießen Sie diesen Zauber, ohne gleich etwas zu »müssen«! Viel wichtiger ist es, mehr und mehr frei zu werden für die Dinge, die in der Gegenwart da sind und die auf uns zukommen – so die wörtliche Bedeutung des Wortes »Zu-kunft«. Sie werden merken: Es geht! Sie können neu und anders leben als noch vor einiger Zeit.

Aber es gibt womöglich auch Momente, wo Sie erschrocken feststellen, dass es sehr schwierig ist, »neu« zu leben, oder dass Ihre Energie ziemlich schnell erschöpft ist. Das innere Gleichgewicht ist noch sehr unbeständig. Das ist an sich nicht weiter beunruhigend, es fordert nur, dass Sie an sich selber, an den Wert Ihres Lebens glauben. Sie werden feststellen, dass Sie innerlich wieder etwas mehr Raum haben, um neue Dinge zuzulassen, anderen Menschen wirklich nahe zu sein, dass Sie offener zuhören können. Sie sind auf einer neuen Lebensstufe angekommen, und auch wenn Sie ab und zu mal wieder auf die vorherige Stufe oder noch weiter zurückfallen: Der Weg dorthin, wohin Sie einmal gelangt sind, ist Ihnen bekannt, für immer. Sie haben gesehen und erfahren es immer wieder neu: Es geht! Ich kann leben! Ich bin bei mir, auf *meinem* Weg!

In Hermann Hesses bekanntem Gedicht »Stufen«[9] kommen der »Fort-schritt« und die ständige Offenheit, das »abschiedliche Leben« zum Ausdruck, so wie es im Vollzug der hier beschriebenen Entwicklung erfahrbar geworden ist:

Stufen

Wie jede Blüte welkt und jede Jugend
dem Alter weicht, blüht jede Lebensstufe,
blüht jede Weisheit auch und jede Tugend
zu ihrer Zeit und darf nicht ewig dauern.
Es muß das Herz bei jedem Lebensrufe
bereit zum Abschied sein und Neubeginne,
um sich in Tapferkeit und ohne Trauern
in andere, neue Bindungen zu geben.
Und jedem Anfang wohnt ein Zauber inne,
der uns beschützt und der uns hilft zu leben.

Wir sollen heiter Raum um Raum durchschreiten,
an keinem wie an einer Heimat hängen,
der Weltgeist will nicht fesseln uns und engen,
er will uns Stuf' um Stufe heben, weiten.
Kaum sind wir heimisch einem Lebenskreise
und traulich eingewohnt, so droht Erschlaffen,
nur wer bereit zu Aufbruch ist und Reise,
mag lähmender Gewöhnung sich entraffen.
Es wird vielleicht auch noch die Todesstunde
uns neuen Räumen jung entgegensenden,
des Lebens Ruf an uns wird niemals enden ...
Wohlan denn, Herz, nimm Abschied und gesunde!

Männer im Wechsel.
Über die Wechseljahre des Mannes

In einer Midlifecrisis gibt es keinen Schnelldurchgang, und auch ein Crashkurs führt nur zu einem: zum nächsten Crash. Sie erstreckt sich nicht selten über fünf bis sieben Jahre, bis man wirklich das Gefühl hat, neu im Leben zu stehen und dabei das, was vorher war, positiv integriert zu haben. Bei den meisten dürfte das so um die 50, nicht selten auch etwas früher der Fall sein.

Aber da gibt es dann noch etwas, was oft mit der Midlife verwechselt wird, nämlich die Wechseljahre. Die Verwechslung und Vermischung mit der Midlifecrisis findet übrigens ausschließlich bei Männern statt, da bei Frauen die unterschiedliche Symptomatik und zumal die biologische Anzeige viel eindeutiger sind.

Der stille Wechsel

Mit wie viel Umständen, Abstürzen, Dramen und allem Möglichen die Midlifecrisis auch gepaart gehen mag, die Wechseljahre kommen beim Mann eher lautlos. Sie schleichen sich heran. Und was sie mit sich bringen, ist auch nicht unbedingt das, worauf »Mann« stolz ist und was er deshalb in die Welt posaunt. In der »Midlife« gab es den Wechsel im Leben (oder es gab ihn eben nicht, aber auch das war eine Entscheidung), man hat sich noch mal justiert, neu eingerichtet. Manche haben sich auch einfach abgefunden, aber das sind eh die, von denen man weiter nichts mehr gewahr wird. Das Ergebnis darf sich dann früher oder später doch wieder sehen lassen. Es ist vielleicht noch mal ein Schwenk gemacht, man hat die Krise erfolgreich »bewältigt«, steht im Zenit dessen, was man erreichen wollte und erreicht hat – alles Dinge, über die der Mann gerne redet. Und denken Sie bitte nicht, das seien Vorurteile und Klischees. Das habe ich nämlich auch gedacht, so lange, bis ich selber reinkam.

Doch das, worum es hier geht – die Wechseljahre – geschieht nahezu geräuschlos. Es gibt auch nur wenige Männer, die überhaupt davon berichten. Die meisten nehmen es nicht einmal wahr, wollen es vielleicht auch gar nicht wahrhaben. Nicht selten sind es eher die (Ehe-) Frauen, die über die Wechseljahre ihres Mannes sprechen, das wiederum nur äußerst selten mit ihren Männern, sondern eher mit anderen »betroffenen« Ehefrauen. Nun habe ich persönlich das seltene Glück – und das meine ich keineswegs ironisch – mit einer Paar- und Familientherapeutin verheiratet zu sein, wodurch ich gar nicht umhinkomme, geregelt in den Spiegel zu schauen, auch und vor allem innerlich. Und auch wenn dies bei uns sehr wohl ein beiderseitiges Vergnügen ist und ich davon letztendlich nur profitiere, so hält sich bei uns doch schon seit Jahren als »running gag« die Frage: »Und, Schatz, wie geht's mir?« M.a.W.: Ich kam und komme gar nicht umhin, dorthin zu schauen, wohin ich als Mann erst gar nicht gucken will, nämlich in die Ecke, wo sich jene Wechseljahre, eben längst nicht so offensichtlich wie bei Frauen, manifestieren. Unter Männern kommt man sogar recht schnell in die Beweispflicht: »Wechseljahre, das haben Männer doch gar nicht.« Haben sie wohl! Es gibt sogar einiges – nicht viel, es ist insgesamt sehr übersichtlich – an Literatur und noch weniger an wissenschaftlichen Untersuchungen dazu. Es scheint sich bei diesem Thema alles auf das weibliche Geschlecht zu konzentrieren. Medizinisch kann man es erfassen, die Symptomatik beschreiben und einigermaßen eingrenzen, aber auch hier gilt: Wechseljahre sind keine Krankheit. Im Folgenden ist deshalb auch vom seelischen Erleben die Rede, nicht von medizinischen Ursachen und Folgen.

In der populäreren Literatur werden die Wechseljahre oft direkt angehängt an die Midlifecrisis, manchmal sogar damit verwechselt. Aber es sind zwei sehr unterschiedliche Phänomene, und sie haben beide eine psychische Dimension oder Komponente, die in der Midlifekrise den Oberton führt, in den Wechseljahren aber nahezu an den Rand gedrängt wird. Warum nur redet keiner darüber? Einen Grund dafür habe ich ja bereits genannt: Es ist nichts, dessen »Mann« sich rühmen kann oder will. Zudem ist das – Entschuldigung – Palaver um die Wechseljahre der Frau und auch deren Folgen dermaßen groß, dass es für die des Mannes eigentlich gar keinen Platz gibt. Das denken Männer selber auch: »Das ist doch nur was für Frauen.« Wenn man dem widerspricht, gerät man zudem noch leicht in den Verdacht, ein Weichei zu sein, ein Mimöschen, ein unmännlicher Mann, im besten Fall ein Frauenversteher. Damit ist man dann eine ideale Projektionsfläche für all das, was ein Mann in eben dieser Zeit erlebt und was genau damit zu tun hat, dass er eben nicht mehr so unerschöpflich »männlich« ist; dass er – schon rein hormonell bedingt – tatsächlich auch »weibliche« Seiten zeigt, vielleicht ein bisschen zurückhaltender, zuhörender, »weicher« wird – eben weniger machohaft, womit er dann aus dem gängigen Klischee des Männlichen herausfällt. Darüber reden Männer eher weniger gern, untereinander schon mal ein bisschen vorsichtig-ironisch, mit

Frauen eigentlich gar nicht. Das ist ausgesprochen schade! Aber vielleicht wäre es mir ja ähnlich ergangen, wenn da nicht der Spiegel meiner Frau wäre ...

Das kann ich noch

Es gibt übrigens nicht wenige Männer, die rein intuitiv vor ihren Wechseljahren flüchten, die sich und anderen noch mal ganz klar unter Beweis stellen wollen, dass sie noch (!) voll im Saft sind, dass sie einen Marathon schaffen oder zumindest einen Halbmarathon; dass sie die Bedienung sämtlicher Muskeltrainingsgeräte im Fitnessstudio erklären können; dass sie beruflich immer noch (!) voll dabei sind, dass sie den Zenit noch (!) lange nicht überschritten haben. Es sind die »noch«-Jahre. Bei manchen sind es auch die »immer noch«-Jahre, sie beweisen halt, dass sie »es« immer noch können, was nicht ganz zu Unrecht zu der Beobachtung führt, dass bei manchen die Wechseljahre sich wortwörtlich darin manifestieren, dass sie noch mal die Partnerin wechseln, wobei die Neue nicht selten altersmäßig dem entspricht, wo »Mann« sich gerne hinwünscht: »Geht doch alles noch!« – Ja, *noch*!
Gut, ich habe keine statistische Erhebung, bei wie vielen Männern dies der Fall ist, aber es entspricht schon einer Beobachtung, die viele teilen. Ich glaube nicht, dass es eine Erfindung ist. Ebenso wenig wie der Eindruck, dass manch einer den Mangel an eigenen Kräften mit PS-Stärke zu kompensieren sucht.
Doch sprechen wir mal von den Wechseljahren selber. Wenn Sie als Mann zu den seltenen Exemplaren Ihrer Spezies gehören, die davon wenigstens eine dunkle Ahnung haben und diese tatsächlich auch in sich aufkommen las-

sen und dem nachgehen, was sehen Sie dann? Noch mal eine Lebenskrise? Die hat's doch gerade erst mehr oder weniger ausführlich gegeben (»Midlife«). – Na ja, »Krise« ist sicherlich auch zu hoch gegriffen, die Wechseljahre verlaufen eher undramatisch, sie schleichen sich geradezu ins Leben, was übrigens auch für die Abnahme der Libido gilt: Sie nimmt nicht sprunghaft ab, eher in kleinen Schritten, aber sehr kontinuierlich. Natürlich gibt es hierbei ganz unterschiedliche Männer-Typen, für die einen ist es ein wichtiges Thema, für die anderen ein noch wichtigeres. Unterschiedlich ist halt, wie Männer damit umgehen. Während die einen dies eher ruhig erleben, sich vielleicht sogar mehr zurückziehen, reagieren andere mehr nach außen, machen verrückte Dinge, schlagen regelrecht Kapriolen. Die Wechseljahre sind beim Mann so eine Art »Pubertät des Alters«. Genau dies ist auch ihr Platz im Leben: Sie bilden den Übergang ins Alter. Alter heißt übrigens nicht Stillstand oder Warten auf den Tod oder Krankheit oder Senilität, auch wenn das Themen sind, mit denen man sich im Alter sicherlich auseinanderzusetzen hat. Alter heißt hier erst einmal ganz nüchtern: auf die 60 zugehen oder auf die 65 oder neuerdings auch auf die 67; das Ende der beruflich aktiven Jahre ist abzusehen, sei es lange ersehnt oder mit bangem Herzen; als Vater (soweit dies denn der Fall war) hat man seine aktive Erziehungsaufgabe hinter sich gebracht, hat sich mehr auf das Leben in der Partnerschaft und im sozialen Umfeld konzentriert, ist womöglich Opa geworden. Es geht bei den Wechseljahren um das »frühe« Alter, das »aktive« Alter, es geht um die »jungen Alten«. Alles andere taucht zwar irgendwie am Horizont auf, steht aber noch nicht im Blickfeld. Dennoch geht es tatsächlich ums Alter, wobei – ähnlich wie in der Pubertät, nur gleichsam in der Rückabwicklung – Körper und Geist in ein neues Gleichgewicht kommen müssen: die Wechseljahre. Die Symptome, die die unterschiedlichsten Reaktionen hervorrufen, sind nachlassende Leistungsfähigkeit, Anfälligkeit für kleinere und größere Zipperlein, abnehmende Libido, Stimmungsschwankungen aufgrund hormoneller Veränderungen. Letzteres ist vorübergehend, alles andere eher kontinuierlich. Am schlimmsten aber ist das Bewusstsein: »Es geht nicht mehr alles und es führt kein Weg daran vorbei.« Was ebenfalls starken Schwankungen unterliegt, aber sich zum Ende der Wechseljahre wieder beruhigt, ist die subjektive Reaktion auf dies alles.

Die zweite allgemeine Verunsicherung

Was passiert da in der Seele? Da ist auf einmal eine Wahrnehmung, die man an sich selber macht: zum einen körperlich, dass die Leistungsfähigkeit nachlässt, wenn man nicht konkret etwas unternimmt, um sie aufrechtzuerhalten. Zum anderen psychisch: Es fehlen manchmal die Antriebskräfte, man will das eine oder andere Projekt angehen, weiß auch, wie es gehen soll, aber wenn man es bis zu Ende denkt, wird man schon müde bei dem Gedanken daran. Und es gibt halt auch diese Momente, manchmal Stunden, manchmal Tage, in denen es einem irgendwie ganz unerklärlich auf die Stimmung schlägt, man einfach »nicht gut drauf« ist, ein bisschen trübe, obwohl es dafür innerlich wie äußerlich gar keinen Grund gibt. Den gibt es oft tatsächlich nicht, und die schlechte Stimmung geht vorbei, so wie sie gekommen ist. Manchmal ist es, als ob jemand von außen über Funk irgendwo im Körper einen

Schalter umlegt, einschaltet und wieder ausschaltet. Hormonelle Schwankungen halt. Für den Mann ist das neu, auch wenn es sich sehr wohl empfiehlt, mal bei »Frau« nachzufragen, wie sie denn in all den Jahren mit ihren monatlich auftretenden hormonellen Schwankungen umgegangen ist. Dass der Körper keine Mechanik ist, die man mehr oder weniger technisch beeinflussen und kontrollieren kann, das weiß man zwar, aber wenn es bis dahin nicht wirklich gravierende Erkrankungen gegeben hat, ist dies alles nie zu einer existenziellen Erfahrung geworden. Das ist jetzt anders. Man ist ja nicht krank, man funktioniert weiterhin normal, na ja, sagen wir ziemlich normal, und doch geschieht etwas in und an einem selbst. Es macht schon ein bisschen Angst und Unmut, wenn man z.B. spürt, dass die Stimmung grundlos wegsackt oder wenn man das Gefühl hat, durchaus noch Kondition und Willen zu haben, es aber doch nicht ganz mehr so geht. Und dann ist da diese Müdigkeit, die manchmal einsetzt, so als müsse man sich ganz lange von etwas erholen. – »Ach, geht schon wieder, nicht der Rede wert!« Wir Männer sind ja stark und natürlich keineswegs wehleidig. Der Körper aber gehorcht nicht mehr so richtig und schon gar nicht mehr so schnell. Die Angst, der Kontrollverlust, die Verunsicherung ist das, was sich in die Seele einschleicht. Man könnte jetzt weise und nüchtern sagen: So etwas dauert halt seine Zeit, bis da ein neues Gleichgewicht entstanden ist. Aber so läuft es nicht. Ich glaube, dass fast alle Männer (und da nehme ich mich keineswegs aus) im Grunde narzisstisch darauf reagieren, d.h., sie sind gekränkt, enttäuscht von sich selber, manchmal auch ein bisschen wehleidig: Das gibt's doch gar nicht, dass (an) *mir* so etwas passiert! Üblich ist dann, wie beschrieben, dass man sich und anderen das Gegenteil unter Beweis stellt. Das ist die anstrengendste und nicht selten auch die kostspieligste Variante. Die gegenteilige Variante, der Rückzug der gekränkten Seele ins eigene stille Kämmerlein, ist weitaus weniger anstrengend, aber dafür auch nicht so leicht zu kurieren, da »Mann« eben keinen mehr so recht an sich heranlässt. Das kann sich übrigens chronifizieren und ist dann kaum mehr revidierbar. Der dritte Weg ist der der Ironie und (im besten Falle) des Humors. Hier zeigt es sich, ob ein Mann *wirklich* im Stande ist, sich zu relativieren und über sich selbst zu lachen, oder ob dies bislang nur dem womöglich aufgebauten Image des humorvollen Kerls zu verschulden war. Manche tendieren dann eher in Richtung Sarkasmus oder sie versteigen sich in billigen Humor derart, dass sie ihre Umwelt mit witzigen Textchen oder Youtube-Clips beglücken. Oft vielleicht ganz nett, aber nur dann gut verträglich, wenn es davon getragen ist, nichts spöttisch wegzulachen, sondern sich selbst darin mit einzubeziehen, sich der eigenen Relativität und Begrenztheit bewusst zu sein.

Das brauche ich nicht mehr

Das Geheimnis dahinter heißt: *loslassen* und *sich einlassen*. Eben nicht verbissen zeigen, dass es anders ist; ebenso wenig wie als ein Schluck Wasser in der Kurve herumhängen und jammern oder gar Projektionsflächen suchen wie die neue Generation, der es doch an diesem oder jenem mangelt. »Die Jugend war noch nie so schlecht wie heute«, sprach Plato bereits 400 v. Chr. – Alles Blödsinn, weg damit. Besser: laufen lassen, loslassen, der Entwicklung nicht im Wege stehen, einfach mal registrieren, was ist, sehen und staunen, nicht gleich was »dagegen unternehmen«, besser: mitgehen, mich darauf einlassen, mitschwimmen, nicht tun, sondern *lassen.* Das führt u.a. zu der Entdeckung, dass man jenseits der 55 so manches auch *nicht* mehr tun muss, nicht mehr beweisen muss. Man hat schon gezeigt, dass man was draufhat, dass man Geld verdienen kann, dass man eine Familie gründen und darin seinen Platz einnehmen kann. Man hat schon gezeigt, dass man imstande ist und für würdig befunden wurde, die richtige Partnerin fürs Leben zu treffen und für sich einzunehmen. Man muss sich nicht mehr nachts wer weiß wie lange auf Partys oder Ähnlichem die Zeit um die Ohren schlagen, womöglich herumgockeln oder was auch immer. Man muss auch nicht mehr experimentieren oder ach so neue Erfahrungen sammeln – das ist ab sofort freiwillig. Es fällt so einiges an Druck weg, auch an unausgesprochenem gesellschaftlichen Erwartungsdruck. Das Alter gibt einem halt auch ein gewisses Maß an Souveränität. Das entschädigt ein bisschen für die kleineren oder größeren Gebrechen oder Unperfektheiten: »Na und, was soll's?«, oder neudeutsch: »So what?«

Loslassen, sich einlassen, »Ge-lassen-heit« lernen ist die Aufgabe der Wechseljahre. Das schützt vor anderen und auch vor sich selbst. Es ist die Antwort auf die allgemeine Verunsicherung, auf die de facto nie vorhandene totale Kontrollierbarkeit. Das entspannt und schafft Raum – Raum dafür, ein bisschen weiter zu schauen, als die eigene Nase lang ist. Denn wenn man weiter in sich spürt, dann wird man bald merken, dass das Verlangen wächst, die eigenen Erfahrungen weiterzugeben, noch einmal auf eine andere Art fruchtbar zu werden. Altersmilde oder verfrüht abgetretene Politiker schreiben Bücher, manche lassen sie auch schreiben, wollen ihre An- und Einsichten weitergeben und werden dafür, je nach Bekanntheitsgrad, auch ansehnlich honoriert. Das ist bei Normalbürgern eher selten (auch bei solchen, die Bücher schreiben übrigens), aber den Drang, Erfahrung zu tradieren, den gibt es allenthalben, und er kann auf sehr verschiedene Arten Form finden. Es ist, denke ich, ganz wichtig, auch diese eher »leisen« Seiten der Wechseljahre wahrzunehmen und in sich aufkommen und wirken zu lassen.

Erfahrungen tradieren heißt nicht, Vorlesungen zu halten oder zu dozieren. Dies mag einem kleinen Kreis, der sich beruflich dafür qualifiziert hat, vorbehalten sein. In der Regel geht Tradition bzw. Tradieren auf anderen Wegen. Wenn man sich hinstellt und fragt, wer denn nun was von dem mühsam angesammelten Erfahrungsschatz abhaben möchte, wird man sehr lange allein in der Gegend herumstehen. Mit »ich weiß, wie's geht«, wird man nirgendwo landen. Der Hase läuft andersherum. Der Weg geht über das Zuhören: Erst indem ich anderen, jüngeren Menschen zuhöre, mich ganz simpel für sie und ihre Welt öffne und wirklich dafür interessiere, kann ich auch ihre »Fragen« hören, die sie so direkt oft gar nicht stellen. Eben weil ich eine Menge Erfahrungen voraushabe, kann ich zwischen den Zeilen lesen, wesentliche Fragen erkennen und meine Erfahrung einbringen. Das muss gar nicht mal vorsichtig und immer nur zurückhaltend sein, aber der Weg führt durch die Eingangstür des anderen, der jüngeren Generation, nicht über das Podium im Vorlesungssaal.

Kürzlich kam ich bei einem stadtbekannten Kölner Bäcker vorbei und las das Schild »Feierabendbrötchen«. Es hat mich sofort interessiert, was dass denn nun ist und was Feierabendbrötchen von solchen am Morgen unter-

146

scheidet. – Nun, eigentlich sehr wenig. Sie sind ein wenig kleiner, kompakter, weniger aufgeblasen, ein bisschen glänzender, leckerer, abends auch noch frisch, und sie kosten übrigens genau dasselbe wie morgens.

Ich kann es allen in den Wechseljahren nur empfehlen: nicht kleine Brötchen backen, sondern »Feierabendbrötchen« genießen.

Anmerkungen

[1] Wolf Biermann, Nur wer sich ändert, bleibt sich treu, aus: ders., Alle Lieder. © 1991 by Wolf Biermann.

[2] So der Titel meines Buches zur Trauerbegleitung.

[3] Michael Schibilsky, Trauerwege. Beratung für helfende Berufe, Düsseldorf (4) 1994, S. 126.

[4] Aus: Michael Ende, Momo, S. 36 f. © 1973 by Thienemann Verlag (Thienemann Verlag GmbH), Stuttgart/Wien, www.thienemann.de

[5] Ein Wort des Theologen Johann Baptist Metz.

[6] Vgl. dazu den Artikel »Wendepunkte« von Heiko Ernst in: Psychologie Heute, Jg. 24, Nr. 1.0.

[7] Dag Hammarskjöld, Zeichen am Weg, 1925–1930, München/Zürich 1965ff.

[8] Aus: Lektüre für Minuten. Gedanken aus seinen Büchern und Briefen. Hrsg. von Ursula und Volker Michels, Frankfurt a.M. [12]1996.

[9] Aus: Hermann Hesse, Sämtliche Werke, Band 10: Die Gedichte. © Suhrkamp Verlag Frankfurt am Main 2002.